Liebe Rieke,

Ich wünsche Dir eine ganz [illegible]
Zeit in London, dass Du ganz
viele schöne Erfahrungen sammelst
und für Deinen weiteren Lebensweg
viel dazu lernst.
Mit dem [illegible] kannst Du Deine
Familie [illegible] schön bekochen!

Ich werde Dich vermissen!

Lena

FRO 554G

ED BAINES

BRITCUISINE

DIE NEUE

Originalausgabe „Best of British. Over 180 Recipes Celebrating the Great Food We Eat Today"
Erstveröffentlichung: Kyle Cathie Limited, London 2008
Text © 2008 Ed Baines
Photographs © 2008 Lisa Linder
Design © 2008 Kyle Cathie Limited

Deutschsprachige Ausgabe:
© 2009 VGS
verlegt durch EGMONT Verlagsgesellschaften mbH,
Gertrudenstr. 30–36, 50667 Köln
Alle Rechte vorbehalten

1. Auflage
Aus dem Englischen von twinbooks,
München - Julia Nunes
Umschlaggestaltung: ZERO Werbeagentur, München
Lektorat: twinbooks, München (Simone Steger)
Layout: Lawrence Morton
Satz: Angela May, Mettmann
Redaktion: Yvonne Tiedt
Produktion: Simone Nauerth
Druck: Craft Print, Singapur
ISBN 978-3-8025-3684-7

www.vgs.de

Danksagung

Zunächst möchte ich meiner Mutter für ihre fantastische Rezeptsammlung danken, die sie in den frühen 1960er-Jahren begonnen und immer weiter vervollständigt hat. Diese Sammlung bildet die Grundlage für meine „typisch britischen" Rezepte in diesem Buch. Ich danke auch den Chefköchen, die ich während meines Aufenthalts in Indien kennenlernen durfte, für ihre genialen Originalrezepte. Danke an Marcel und Suave – ihr habt mich inspiriert. Dankbar bin ich auch meinen beiden Söhnen, die als Testesser alle meine Rezepte probieren mussten, für ihr ehrliches und hilfreiches Feedback. Vielen Dank auch an meine Geschäftspartner und den Restaurantmanager im *Randall & Aubin.* Ich danke Kyle für ihre Unterstützung und dafür, dass sie es mir ermöglicht hat, dieses Buch zu veröffentlichen. Zum Schluss noch ein riesengroßes Dankeschön an ganz Großbritannien für alles, was wir heute essen.

ÜBER DEN AUTOR

Als Jurymitglied der Kochshow *Britain's Best Dish* konnte sich Ed Baines einen guten Überblick darüber verschaffen, was Briten heutzutage essen – und war beeindruckt!
Den Grundstein seiner Karriere legte Ed mit einer klassischen Ausbildung zum Koch im Luxushotel *The Dorchester* in London. Anschließend war er einige Jahre in Frankreich, Italien und Australien tätig. Zurück in London, arbeitete er in mehreren Top-Restaurants wie dem *Armani Café,* dem *Bibendum* und dem *River Café.* Nach seiner Zeit als Chefkoch im *Daphne's* gründete er im Londoner Stadtteil Soho sein eigenes Restaurant, das *Randall & Aubin,* das er inzwischen seit über zwölf Jahren erfolgreich betreibt. Ed Baines wirkte in mehreren britischen Fernsehshows u.a. auf BBC mit, sein erstes Buch *Entertain* erschien im Jahr 2001.

CORSCOMBE
HALSTOCK
BEAMINSTER
BRIDPORT

Vorwort

BritCuisine – Die neue britische Küche ist eine Hommage an die moderne Küche meiner Heimat. Bescheiden, wie wir Briten nun einmal sind, betonen wir viel zu selten die hervorragende Qualität unserer lokalen Fleisch-, Fisch- und Gemüseprodukte. Zudem sind wir in der glücklichen Lage, diese Zutaten mit Gewürzen und Ingredienzen aus der ganzen Welt verfeinern zu können.

Als Jurymitglied der Kochshow *Britain's Best Dish*, von der inzwischen bereits die zweite Staffel angelaufen ist, konnte ich einen guten Eindruck davon gewinnen, was bei meinen Landsleuten auf den Tisch kommt. Meine Begeisterung für die Entwicklung neuer Rezepte war entfacht, und die wundervollen Gerichte in der Show lieferten mir hierzu unzählige Inspirationen. Was mich, seit ich in dieser Show mitarbeite, immer wieder erstaunt, ist die unglaubliche Vielfalt, die unsere moderne britische Küche ausmacht. Unter den Gerichten, die ich beurteilen durfte, befanden sich neben echten Klassikern wie Sonntagsbraten, Wild, Pasteten und Puddings zahlreiche Rezepte, die unsere heutige multikulturelle Gesellschaft widerspiegeln: köstliche Currys, chinesische Gerichte oder würzige karibische Köstlichkeiten. Sie alle sind Teil des riesigen Schmelztiegels, der das kulinarische Großbritannien ausmacht. Die Vielfalt unserer Geschmäcke und unsere Aufgeschlossenheit gegenüber Neuem sind der Schlüssel zur Einzigartigkeit unserer modernen Küche.

Sie fragen sich (oder mich) vielleicht, ob es sich lohnt, auch traditionellere britische Gerichte wie eine Pie oder Pastete zuzubereiten, frische Scones zu backen oder einen Schinken zu kochen. Meine Antwort darauf lautet: Es gibt einfach nichts Besseres! Stellen Sie sich zum Abendessen nur eine selbst gemachte Pastete mit einer wunderbaren Füllung aus gutem Fleisch und frischem Gemüse vor ... kein Vergleich zum britischen Fastfood, das verspreche ich Ihnen!

In *BritCuisine* geht es jedoch vor allem auch um die moderne britische Küche, die von kulinarischen Einflüssen aus der ganzen Welt geprägt ist. Die indischen, chinesischen und karibischen Gerichte, die ich für dieses Buch ausgewählt habe, gehören zum Feinsten, was Sie auf Ihrem heimischen Herd zaubern können – und es sind Gerichte, die nicht mehr aus der britischen Küche des 21. Jahrhunderts wegzudenken sind.

Die Rezepte habe ich in Kapitel untergliedert, die mir logisch und natürlich scheinen: warme und kalte Vorspeisen, Fisch, Fleisch und Geflügel, Desserts etc. Es gibt jeweils ein Extrakapitel für Pasteten, Currys und die typisch englische Teatime. So finden Sie schnell für jede Gelegenheit das Richtige. Alle Rezepte in diesem Buch lassen sich leicht und rasch zubereiten und kommen mit simplen Küchentechniken aus. Die einzige Voraussetzung, die Sie unbedingt mitbringen sollten, ist ein wenig Geduld. Sie werden sehen, das Ausprobieren lohnt sich – allerspätestens dann, wenn es ans Essen geht.

Viel Spaß beim Kochen und Genießen!

Ed Baines

FRÜ

HSTÜCK

Das perfekte Baconsandwich

Für dieses Rezept können Sie natürlich verschiedene Specksorten verwenden, aber ich finde, am besten eignet sich die roh geräucherte Variante.

FÜR 1 PERSON
1 reife Tomate
1 EL Olivenöl
Salz
1 Handvoll Salatblätter (z. B. Baby-Spinat)
1 EL Mayonnaise
Saft von ¼ Zitrone
frisch gemahlener schwarzer Pfeffer
2 Scheiben Bauernbrot
4 Scheiben durchwachsener Speck (Bacon)
½ TL körniger Senf

Tomaten waschen, halbieren, vom Stielansatz befreien und in dünne Scheiben schneiden. Tomatenscheiben in eine Schüssel geben, mit Olivenöl mischen und einer kräftigen Prise Salz würzen.

Salatblätter waschen, putzen, in eine zweite Schüssel geben, Mayonnaise und Zitronensaft unterheben, mit reichlich schwarzem Pfeffer würzen.

Tomaten und Salat so lange ziehen lassen, bis das Wasser aus den gesalzenen Tomaten austritt und der Salat in der Mayonnaise leicht zusammenfällt.

In der Zwischenzeit jede Brotscheibe mit 2 Scheiben Speck belegen und unter dem Grill bei mittlerer Temperatur langsam rösten. So wird der Speck besonders knusprig und die austretende Bratflüssigkeit macht das Brot saftig.

Geröstetes Brot vom Grill nehmen und beiseite legen. Speck wenden und ca. 3–4 Minuten unter dem Grill rösten.

Gebratenen Speck auf einer Brotscheibe verteilen. Salat und Tomaten mit dem Saft darüber verteilen. Zweite Brotscheibe mit Senf bestreichen und darüberlegen. Das Sandwich leicht zusammendrücken, in zwei Hälften schneiden und genießen.

Würstchenfrikadellen mit Wachteleiern

FÜR 2 PERSONEN
2 große mehlig kochende Kartoffeln
1 Zwiebel
1 EL Pflanzenöl
6 Wachteleier
1 EL Mehl
Salz
Mehl für die Arbeitsfläche
1 Prise Cayennepfeffer
200 g Bratwurst
2 EL Sultaninen
1 EL Schweine- oder Entenfett
4 Salbeiblätter
1 TL Senf
1 EL Orangenmarmelade

Kartoffeln schälen und in große Stücke schneiden. Salzwasser in einem Topf erhitzen und Kartoffeln darin bissfest kochen. Herausnehmen, zu Püree zerstampfen und abkühlen lassen.

Zwiebel schälen und würfeln. Pflanzenöl in einer Pfanne erhitzen und Zwiebelwürfel darin anbraten.

Wachteleier weich kochen (ich gebe ihnen immer 2 Minuten und 16 Sekunden). Die Schale der gekochten Eier von allen Seiten etwas eindrücken und unter fließend kaltem Wasser vorsichtig pellen.

Mehl sieben und unter das abgekühlte Kartoffelpüree heben. Mit einer kräftigen Prise Salz und Cayennepfeffer abschmecken und zu einem glatten Teig verkneten. Ein Schneidebrett mit Mehl bestäuben. Kartoffelmischung zu golfballgroßen Kugeln rollen und auf dem Brett flach drücken. Ca. 30 Minuten im Kühlschrank ruhen lassen.

In der Zwischenzeit Würstchen der Länge nach aufschneiden und die Füllung aus der Haut lösen. Wurstmasse in eine Schüssel geben, mit gebratenen Zwiebeln und Sultaninen mischen. Arbeitsfläche mit Mehl bestäuben, Fleischmischung darauf zu golfballgroßen Kugeln formen und dann zu flachen Frikadellen drücken.

Fett in einer großen Pfanne erhitzen. Kartoffelküchlein darin bei mittlerer Temperatur goldbraun anbraten. Damit die Küchlein nicht anhaften, die Pfanne immer wieder kräftig rütteln. Die fertigen Küchlein herausnehmen, auf einen Teller geben und im Backofen bei niedriger Temperatur warm halten.

Wurstfrikadellen in der Pfanne von einer Seite 4–5 Minuten goldbraun braten. Salbei waschen, dazugeben, das Fleisch wenden und goldbraun braten.

Kartoffelküchlein aus dem Backofen nehmen, Wurstfrikadellen und gebratene Salbeiblätter darauf verteilen und unter dem Grill warm halten.

Die Pfanne mit Küchenkrepp ein wenig auswischen. 2 EL Wasser, Senf und Marmelade in die Pfanne geben und langsam unter Rühren so lange kochen, bis ein glatter Sirup entsteht.

Würstchenfrikadellen und Kartoffelküchlein auf 2 Teller verteilen. Sirup darüberträufeln und mit den halbierten Wachteleiern garnieren.

Schinken und Eier mit getoastetem Früchtebrot

Die Kombination mag sich etwas seltsam anhören, aber der herzhafte Geschmack von Schinken und Eiern bildet einen tollen Kontrast zur Süße des Früchtebrots.

FÜR 1 PERSON
2 Scheiben Honig-Senf-Schinken
1 EL Schweinefett oder Pflanzenöl
2 Eier
2 Scheiben Früchtebrot (siehe Seite 221)
25 g weiche Butter

Schinken mit einem scharfen Messer vom Rand aus durch die Scheibenmitte ca. drei Viertel weit einschneiden. Schnittränder so übereinanderlegen, dass ein Tütchen entsteht (etwa wie eine Eistüte).

Fett oder Pflanzenöl in einer Pfanne langsam erhitzen. Schinkentütchen in der Pfanne ca. 1 Minute anbraten. Pfanne vom Herd nehmen und Schinkentütchen so drehen, dass die Öffnung nach vorne zeigt.

Je 1 Ei aufschlagen und in die Öffnung gleiten lassen. Pfanne dabei so halten, dass das flüssige Ei nicht aus den Schinkentütchen hinausläuft. Sobald das Ei zu stocken beginnt, Pfanne wieder auf den Herd stellen und weitere ca. 5 Minuten braten. Eier ab und zu mit dem heißen Fett aus der Pfanne übergießen.

Früchtebrot kurz toasten (Vorsicht, das geht ziemlich schnell), mit Butter bestreichen und jede Scheibe mit einem Schinken-Ei-Tütchen belegen.

Muffins mit geschmorten Tomaten

FÜR 2 PERSONEN
1 Knoblauchzehe
2 EL Schweinefett oder Pflanzenöl
4 Sardellenfilets
abgeriebene Schale von 1 unbehandelten Zitrone
6 reife Tomaten
½ TL Zucker
2 Muffins
Butter
Salz
2 frische Thymianzweige zum Garnieren

Knoblauch schälen und in dünne Scheiben schneiden.

Fett oder Pflanzenöl in einem großen Topf langsam erhitzen. Knoblauch und Sardellenfilets darin anbraten. So lange weiterbraten, bis die Sardellenfilets vollständig zerfallen sind. Topf vom Herd nehmen und Zitronenschale unter die Sardellenmasse mischen.

Tomaten waschen, vierteln und vom Stielansatz befreien. Pfanne wieder auf den Herd stellen. Tomaten und Zucker zur Sardellenmischung geben, ca. 25 Minuten bei niedriger Temperatur schmoren, dabei gelegentlich umrühren.

Kurz vor dem Servieren Muffins halbieren, toasten und mit Butter bestreichen. Geschmorte Tomaten auf den Muffinhälften verteilen und leicht salzen.

Thymian waschen und jede Portion mit einem Zweig garnieren.

Eier mit Currysauce und Reis

Falls Sie Lust auf Fisch haben, können Sie die Currysauce auch mit Räuchermakrele oder Bückling verfeinern.

FÜR 2 PERSONEN

Für die Currysauce
50 g Butter
1 Zwiebel
1 Knoblauchzehe
1 daumengroßes Stück frischer Ingwer
¼ TL Kurkuma
½ TL Garam masala
½ TL Zimt
½ TL Chat masala
100 ml Gemüsebrühe (siehe Seite 231)
400 g Joghurt
Salz
frisch gemahlener schwarzer Pfeffer

1 TL Kreuzkümmelsamen
2 EL Pflanzenöl
1 EL Zwiebelflocken
Saft von 2 Limetten
1 Prise Zucker
1 Prise Chilipulver
2 Tassen Basmatireis
4 Eier

Für die Currysauce Butter in einem Topf langsam zerlassen. Zwiebel schälen und würfeln. Zwiebel in den Topf geben und langsam goldbraun braten. Knoblauch schälen, zerdrücken, Ingwer schälen und fein reiben. Knoblauch und Ingwer zugeben (etwas Ingwer für später zur Seite legen). Kurkuma, Garam Masala, Zimt und Chat Masala unterrühren und alles ca. 1 Minute braten.

Gemüsebrühe nach und nach angießen und aufkochen. Flüssigkeit auf die Hälfte einkochen. Vom Herd nehmen, abkühlen lassen und Joghurt untermischen. In einen Mixer geben und glatt pürieren. Kräftig mit Salz und Pfeffer abschmecken.

Kreuzkümmelsamen in einer trockenen Pfanne rösten und im Mörser mahlen. Pflanzenöl in einem großen Topf erhitzen, Kreuzkümmel, Zwiebelflocken, restlichen Ingwer, Limettensaft, je 1 Prise Salz, Zucker und Chilipulver zugeben, ca. 1 Minute anbraten. Reis und 4 Tassen Wasser zufügen, alles aufkochen und zugedeckt bei niedriger Temperatur garen, bis der Reis die gesamte Flüssigkeit aufgenommen hat.

Reis über einem Sieb abtropfen lassen, wieder in den Topf geben und zugedeckt dämpfen, damit er schön locker wird.

Eier ca. 4 Minuten weich kochen und in einer Schüssel mit kaltem Wasser abschrecken. Abkühlen lassen und vorsichtig pellen.

Sauce aufkochen und um ein Drittel reduzieren lassen, dabei gelegentlich umrühren. Eier auf den Reis legen, alles noch einmal kurz erwärmen und auf Teller verteilen. Sauce darüberträufeln.

Bückling mit Schnittlauch-Zitronen-Butter

FÜR 1 PERSON

1 großer Bückling, küchenfertig
75 g Butter
2 Scheiben dunkles Vollkornbrot
1 große Schalotte
1 Bund frischer Schnittlauch
Saft von ½ Zitrone
weißer Pfeffer

Bückling mit der Haut nach unten in eine große ofenfeste Form geben. 1 TL Butter daraufsetzen und unter dem vorgeheizten Grill ca. 3–4 Minuten bei hoher Temperatur rösten. Die letzten 2 Minuten den Grill auf mittlere Temperatur herunterschalten.

Vollkornbrotscheiben bis auf einen kleinen Rest mit Butter bestreichen.

Bückling aus dem Ofen nehmen, Mittelgräte vorsichtig herauslösen und Bückling auf einem Teller anrichten.

Schalotte schälen und fein würfeln. Schnittlauch waschen und in feine Röllchen schneiden. Die ofenfeste Form mit der Bratflüssigkeit auf den Herd stellen und Schalottenwürfel darin bei niedriger Temperatur glasig dünsten. 25 ml Wasser zufügen, kurz aufkochen, restliche Butter, Zitronensaft und Schnittlauch zugeben und alles zu einer glatten Sauce verrühren. Mit Pfeffer abschmecken.

Sauce über den Bückling geben. Mit dem Vollkornbrot servieren.

Eds Tipp: Für dieses Rezept vakuumverpackte Bücklingsfilets aus dem Supermarkt zu verwenden, wäre eine echte Sünde, denn sie schmecken nicht annähernd so gut wie echter Bückling!

Muffins mit Räucherlachs und pochierten Eiern

Die Eier werden hier zwar nicht auf die klassisch französische Weise pochiert, aber meine Methode funktioniert genauso gut, und man braucht dafür keinen Essig. Ich finde, Essig würde den feinen Geschmack der Eier in diesem Rezept stören.

FÜR 2 PERSONEN
¼ TL Salz
4 Eier
2 Muffins
Butter
250 g Räucherlachs
weißer Pfeffer

Eine nicht zu flache Pfanne zu zwei Dritteln mit Wasser füllen und aufkochen. Pfanne vom Herd nehmen, Salz zugeben, Eier aufschlagen und vorsichtig in das heiße Wasser gleiten lassen (so bekommen sie die Form von Spiegeleiern).

Pfanne wieder auf den Herd stellen und Eier bei geringer Temperatur langsam garen.

Inzwischen die Muffins halbieren und auf beiden Seiten goldgelb toasten oder grillen. Mit Butter bestreichen und mit Räucherlachs belegen. Muffins wieder unter den Grill legen und rösten, bis der Räucherlachs hell wird und zu bräunen beginnt. (Ich finde nämlich, roher Räucherlachs und heiße Eier passen überhaupt nicht zusammen ...)

Muffins herausnehmen. Eier mit einem Pfannenwender aus dem Wasser heben und je ein Ei auf eine Muffinhälfte setzen. Mit Salz und Pfeffer würzen. Noch heiß servieren.

Sardinen in Currysauce

Sardinen galten noch vor einiger Zeit als hoffnungslos überfischt, die Bestände waren sehr stark zurückgegangen. Inzwischen hat sich die Lage wieder verbessert, und heute bekommt man Sardinen an nahezu jeder Fischtheke.

Sardinen enthalten viele wertvolle Fettsäuren (z. B. die lebenswichtigen Omega-3-Fettsäuren). Fisch zum Frühstück ist ein hervorragender Start in den Tag und sorgt für gute Laune.

FÜR 2 PERSONEN
4 EL Pflanzenöl
1 TL Garam Masala
¼ TL Chilipulver
¼ TL gemahlene Muskatblüten (Macis)
1 kräftige Prise Selleriesalz
1 kleine Zwiebel
2 Knoblauchzehen
175 g Sardinenfilets
Saft von 1 Limette
2 Scheiben Sauerteigbrot
Butter
1 TL Sahnemeerrettich

Pflanzenöl in einer Pfanne erhitzen und alle getrockneten Gewürze zugeben. Temperatur reduzieren. Zwiebel und Knoblauch schälen, fein würfeln, in die Pfanne geben und bei niedriger Temperatur in ca. 5 Minuten goldgelb braten.

Sardinenfilets und Limettensaft zufügen und bei niedriger Temperatur ca. 10 Minuten braten. Die Pfanne vom Herd nehmen und abkühlen lassen.

Brotscheiben toasten und mit etwas Butter bestreichen. Fisch auf die Brotscheiben legen und mit Sahnemeerrettich servieren.

Eds Tipp: Zu diesem Gericht passt jedes knusprige Brot, aber am allerbesten schmeckt es mit selbst gemachtem Sauerteigbrot. Das Rezept dafür finden Sie auf S. 210.

Muffins mit Schellfisch-Lauch-Sahne

FÜR 2 PERSONEN
2 große Stangen Lauch
50 g Butter
4 Sardellenfilets
300 ml Milch
225 g geräucherte Schellfischfilets
1 kleines Bund frische Petersilie
abgeriebene Schale und Saft von ½ unbehandelten Zitrone
200 g Sahne
2 hart gekochte Eier
Salz
frisch gemahlener schwarzer Pfeffer
75 g geriebener Cheddar
1 TL Sahnemeerrettich
2 Muffins
Zitronenspalten zum Garnieren

Lauchstangen putzen, in feine Ringe schneiden und unter fließendem Wasser gründlich waschen. Butter in einem Topf langsam zerlassen. Lauch und Sardellen zugeben und bei mittlerer Temperatur anbraten.

Inzwischen Milch in einer großen Pfanne zum Sieden bringen, Schellfischfilets mit der Haut nach oben hineinlegen. Ca. 10 Minuten sanft ziehen lassen, Herd ausschalten und Fisch in der Pfanne abkühlen lassen.

Petersilie waschen, Blättchen von den Stängeln zupfen und grob hacken. Petersilie, Zitronenschale und -saft unter den Lauch mischen. Erneut erhitzen, Sahne zufügen, noch einmal kurz aufkochen und vom Herd nehmen.

Fisch aus der Pfanne heben, vorsichtig von Haut und ggf. noch vorhandenen Gräten befreien. Mit einer Gabel in kleine Stücke zerpflücken und unter die Lauchmischung heben. Eier pellen, fein hacken und zufügen. Mit Salz und Pfeffer abschmecken. Geriebenen Käse und Meerrettich untermischen. Abkühlen lassen.

Muffins halbieren und tosten. Schellfisch-Lauch-Sahne auf die Muffinhälften verteilen und kurz unter dem Grill goldbraun rösten. Muffins mit Zitronenspalten garniert servieren.

Räuchermakrele mit Rührei

Wenn Sie dieses Gericht für zwei, drei oder vier Personen zubereiten, passen Sie die Menge der Zutaten einfach entsprechend an.

FÜR 1 PERSON
2 große Eier
25 g Sahne
Salz
25 g Butter
75 g geräucherte Makrelenfilets, ohne Haut
2 Scheiben Sauerteigbrot
weißer Pfeffer
Zitronenspalten zum Garnieren

Eier in eine große Schüssel schlagen und mit Sahne mischen. Beim Rühren darauf achten, dass nicht zu viel Luft in die Mischung gelangt. Mit Salz würzen.

Butter in einer mittelgroßen beschichteten Pfanne langsam zerlassen. Makrelenfilets mit einer Gabel in kleine Stücke zerpflücken, zugeben und erwärmen, gelegentlich umrühren.

Pfanne vom Herd nehmen. Inzwischen das Brot toasten.

Pfanne wieder auf den Herd stellen und die Eier-Sahne-Mischung sofort zugeben. Unter ständigem Rühren erhitzen (das geht ziemlich schnell – die Eier brauchen nur 35–50 Sekunden, bis sie gar sind).

Pfanne vom Herd nehmen, solange die Eier noch leicht flüssig sind. Das Rührei sollte weich sein, aus größeren Stücken bestehen und nicht wie popcornähnliche Klümpchen aussehen.

Rührei auf dem getoasteten Brot anrichten. Mit Pfeffer würzen und mit Zitronenspalten garnieren.

Frittierte Rotzunge mit Sardellenbutter

FÜR 2 PERSONEN
1 EL frische Petersilie
50 g Butter
1 TL Gentleman's Relish (oder Sardellenpaste)
100 g Mehl
1 Prise Selleriesalz
1 Prise Kreuzkümmelpulver
1 Prise Cayennepfeffer
Salz
weißer Pfeffer
4 Rotzungenfilets (oder andere Plattfische), küchenfertig
1 TL Weißweinessig
100 g Sahne
2 EL Pflanzenöl
2 Eier
2 Scheiben Sauerteigbrot
Saft von ½ Zitrone
2 Stängel frische Petersilie zum Garnieren

Für die Sardellenbutter Petersilie waschen, Blättchen von den Stängeln zupfen und grob hacken. Butter in einem Topf erhitzen, Gentleman's Relish und Petersilie zugeben und anbraten.

Für die Rotzunge Mehl in einen tiefen Teller sieben. Gewürze und je 1 Prise Salz und Pfeffer untermischen. Fisch in dem gewürzten Mehl wenden und ca. 1 Minute darin liegen lassen (so haftet das Mehl besser an der Oberfläche des Fischs).

Einen Topf zur Hälfte mit Wasser füllen. 1 Prise Salz und Weißweinessig zugeben und langsam erwärmen.

Fisch aus dem Mehl nehmen und in Sahne tauchen. Zurück ins Mehl legen und darin wenden, sodass er von allen Seiten reichlich mit Mehl bedeckt ist.

Pflanzenöl in einer Pfanne erhitzen. Fischfilets einzeln hineinlegen und bei mittlerer Temperatur braten. Pfanne häufig rütteln, damit die Filets nicht am Boden anhaften. Den Fisch wenden, auf der zweiten Seite braten, herausnehmen und auf Küchenkrepp abtropfen lassen.

Kochendes Wasser bei hoher Temperatur mit einem Schneebesen so rühren, dass ein Strudel entsteht. Eier einzeln aufschlagen und vorsichtig in den Strudel gleiten lassen. Temperatur reduzieren und Eier ca. 2 Minuten kochen.

Brot toasten, auf Teller verteilen und auf jede Brotscheibe ein Ei legen. Auf jedes Ei vorsichtig 2 Rotzungenfilets setzen.

Sardellenbutter wieder erhitzen, Zitronensaft unterrühren und über den Rotzungenfilets verteilen. Mit Petersilie garnieren.

Eds Tipp: Statt Rotzunge können Sie auch jeden anderen Plattfisch verwenden, zum Beispiel Scholle, Seezunge oder Flunder.

Geräucherter Dorschrogen mit Zitronenbutter

FÜR 2 PERSONEN
Für die Zitronenbutter
50 g Butter
abgeriebene Schale und Saft von 1 großen unbehandelten Zitrone

4 Scheiben Sauerteigbrot
2 große reife Tomaten
100 g geräucherter Dorschrogen
1 Prise Cayennepfeffer

Für die Zitronenbutter Butter in einem Topf zerlassen, Zitronenschale und -saft unterrühren.

Brot unter dem Grill von beiden Seiten rösten. Brotscheiben mit der noch flüssigen Zitronenbutter bestreichen. Tomaten waschen, halbieren und vom Stielansatz befreien. Brotscheiben mit den Schnittflächen der Tomaten kräftig einreiben.

Dorschrogen mit einer Gabel zerpflücken und mit Cayennepfeffer bestreuen. Brotscheiben mit dem Dorschrogen bestreichen und unter dem Grill kurz anwärmen. Mit restlicher Zitronenbutter beträufeln und servieren.

Schinken mit Erbsen und Cheddar

Erbsen zum Frühstück mag für viele vielleicht merkwürdig klingen, aber wenn man früh aufstehen muss und einen langen Tag vor sich hat, bringt einen dieses Gericht in Schwung. Genießen Sie dazu eine Tasse heißen Tee.

FÜR 2 PERSONEN
300 g Erbsen (aus der Dose)
150 g geriebener Cheddar
2 Eigelb
1 TL Worcestershiresauce
½ TL Senf
weißer Pfeffer
2 Scheiben frisches Brot
25 g Butter
2 dicke Scheiben Schinken, am besten selbst gemacht (siehe Seite 65)

Erbsen, Käse, Eigelbe, Worcestershiresauce und Senf mischen. Mit Pfeffer kräftig würzen

Brot toasten oder grillen und mit Butter bestreichen.

Eine beschichtete Pfanne langsam erhitzen. Schinken darin ohne Fett auf jeder Seite ca. 1 Minute anbraten. Schinken auf die getoasteten Brotscheiben legen und die Erbsen-Cheddar-Mischung darüber verteilen.

Unter dem heißen Grill rösten, bis der Käse goldbraun ist.

Gebackene Eier mit Schinken und Champignons

Dies ist kein Rezept für einen hektischen Morgen, sondern eher etwas fürs Wochenende.

FÜR 2 PERSONEN
8 Champignons
50 g Butter
75 g Räucherschinken, gewürfelt
1 TL Senf
4 EL Sahne
Salz
weißer Pfeffer
2 sehr frische Hühner- oder Enteneier
2 Scheiben Sauerteigbrot

Backofen auf 180 °C (Gas Stufe 4) vorheizen.

Champignons putzen und in dünne Scheiben schneiden. Butter in einem Topf zerlassen, aber darauf achten, dass sie nicht anbrennt. Champignons zugeben und unter ständigem Rühren ca. 3–4 Minuten anbraten.

Schinken zufügen und ca. 1 Minute weiterbraten. Senf und 2 EL Sahne untermischen, mit je einer Prise Salz und Pfeffer würzen.

Champignonmischung auf 2 kleine Souffléförmchen verteilen. Überschüssige Butter in eine kleine Schüssel abgießen und beiseite stellen.

Je 1 EL Sahne über die Champignonmischung verteilen.

In jedes Förmchen 1 frisch aufgeschlagenes Ei geben und ca. 12–15 Minuten im Ofen backen.

Sauerteigbrot toasten. Brotscheiben mit der restlichen aromatisierten Butter bestreichen und zu den gebackenen Eiern servieren.

Swansea Jacks

Swansea Jacks sind traditionelle Frühstücks-Küchlein aus dem walisischen Swansea.

FÜR 4 PERSONEN
675 g Kartoffeln
1 große Zwiebel
Pflanzenöl
225 g Laverbread (siehe Tipp unten)
Kartoffelstärke, zum Bestäuben
225 g Haferflocken
Salz
frisch gemahlener schwarzer Pfeffer
4 pochierte Eier (siehe Seite 20)

Kartoffeln schälen und grob würfeln. Salzwasser in einem Topf erhitzen und Kartoffeln darin ca. 20 Minuten kochen. Zwiebel schälen und fein würfeln. Pflanzenöl in einer Pfanne erhitzen und Zwiebelwürfel darin anbraten.

Kartoffeln abgießen und zu Püree zerstampfen. Zwiebel und Laverbread zufügen. Abkühlen lassen. Ein Schneidebrett oder einen großen Teller mit Kartoffelstärke bestäuben, Haferflocken darüberstreuen und mit Salz und Pfeffer würzen.

Kartoffelmischung zu golfballgroßen Kugeln formen und in den Haferflocken wenden. Pflanzenöl in der Pfanne erhitzen und Swansea Jacks darin goldbraun anbraten. Mit den pochierten Eiern servieren.

Eds Tipp: Laverbread ist eine walisische Spezialität aus Seetang und ist in Deutschland nur im Internethandel oder in englischen Feinkostläden erhältlich. Sie können stattdessen auch Seetang aus dem Asialaden verwenden: 2 Päckchen Seetang ca. 10 Minuten in Wasser einweichen, danach abgießen und überschüssige Flüssigkeit ausdrücken.

Pfannkuchen mit Fruchtsirup

FÜR CA. 12 PFANNKUCHEN
250 g Mehl
Salz
2 Eier
2 EL Pflanzenöl
300 ml Vollmilch
50 g zerlassene Butter
120 g Obst nach Belieben (z. B. Zitronen, Kirschen, Brombeeren)
80 g Zucker
1 Spritzer Zitronensaft
1 Handvoll gemischtes Trockenobst
etwas weiche Butter

Mehl sieben und mit einer kräftigen Prise Salz in einer großen Schüssel mischen. In die Mitte eine Mulde drücken, Eier und Pflanzenöl zugeben und mit einem Schneebesen verrühren. Nach und nach Milch zugießen und alles zu einem glatten Teig verarbeiten.

Zerlassene Butter untermischen. Teig mindestens 15 Minuten ruhen lassen – 60 Minuten wären besser, dann werden die Pfannkuchen besonders knusprig.

Für den Fruchtsirup Obst waschen, ggf. schälen bzw. entsteinen. Zusammen mit Zucker und Zitronensaft in einem Topf aufkochen. Temperatur reduzieren, ca. 40 Minuten weitergaren, vom Herd nehmen und abkühlen lassen. Obst in einer Küchenmaschine pürieren und durch ein feines Sieb wieder in den Topf streichen. Erneut aufkochen lassen und in eine Servierschüssel oder in ein sterilisiertes Einmachglas füllen (siehe Tipp auf S. 235). Der Fruchtsirup lässt sich im Kühlschrank so bis zu 3 Wochen aufbewahren.

Und so backen Sie die perfekten Pfannkuchen: Backofen auf 120 °C (Gas Stufe ½) vorheizen, einen Teller zum Anwärmen hineinstellen. Direkt vor dem Ausbacken 50 ml Wasser in den Teig rühren. Restliches Pflanzenöl in einer beschichteten Pfanne erhitzen und für jeden Pfannkuchen 30 ml Teig hineingeben. Teig bis an den Pfannenrand verlaufen lassen. Wenn Sie eine große Pfanne verwenden, können Sie gleich drei Pfannkuchen gleichzeitig zubereiten.

Über den noch flüssigen Teig in der Pfanne Trockenobst verteilen und weitere 45–60 Sekunden stocken lassen.

Pfannkuchen mit einem Palettmesser wenden und auf der zweiten Seite fertig backen. Fertigen Pfannkuchen auf den vorgewärmten Teller legen und im Backofen bis zum Servieren warm halten. Pfannkuchen mit weicher Butter und selbst gemachtem Fruchtsirup servieren.

Frühstücksgetränke

Frische Orangenlimonade

FÜR 1 LITER LIMONADE
Saft von 1 Zitrone
2 EL Zucker
Saft von 6 Orangen (Blutorangen eignen sich besonders gut)
750 ml Mineralwasser mit Kohlensäure

Zitronensaft, 100 ml Wasser und Zucker in einem Topf langsam aufkochen, vom Herd nehmen und abkühlen lassen.

Orangensaft zum Zitronensirup in den Topf geben und alles durch ein Sieb in einen Krug gießen. Mineralwasser zufügen und servieren.

Blaubeersmoothie „Get up and go"

Wenn Sie es morgens sehr eilig haben und sich etwas besonders Gesundes gönnen möchten, um bis zum Mittagessen durchzuhalten, ist dieses flüssige Frühstück genau das Richtige.

FÜR 1 PERSON
1 Banane
4 EL Blaubeeren (oder anderes Beerenobst)
3 EL Joghurt
1 gehäufter TL Weizen- oder Haferflocken
500 ml Apfelsaft
1 EL Honig

Banane schälen und in dünne Scheiben schneiden. Beeren waschen. Alle Zutaten im Mixer oder in der Küchenmaschine 30 Sekunden pürieren. In ein Glas füllen, genießen, und der Tag kann kommen.

Erfrischende Limettenlimonade

FÜR 1 LITER LIMONADE
Saft von 1 Zitrone
2 EL Zucker
Saft von 6 Limetten
4 Eiswürfel
750 ml Mineralwasser mit Kohlensäure

Zitronensaft, 100 ml Wasser und Zucker in einem Topf langsam aufkochen. Vom Herd nehmen und abkühlen lassen.

Limettensaft mit dem Zitronensirup mischen und alles durch ein Sieb in den Mixer gießen. Eiswürfel zufügen und 30 Sekunden mixen. Mischung in einen Krug füllen und mit dem Mineralwasser aufgießen. Sofort servieren.

Eds Tipp: Für eine Grapefruitlimonade den Limettensaft einfach durch den Saft von 4 Grapefruits ersetzen.

Brennnessellimonade

Ein Rezept aus der guten alten Zeit, das lange in Vergessenheit geraten war.

FÜR 5 LITER LIMONADE
2 große unbehandelte Zitronen
250 g Golden Syrup (oder Rübensirup)
1 TL Weinstein-Backpulver
2 TL Ingwerpulver
2 Handvoll Brennnessel (oder ca. 200 Blätter – unbedingt Handschuhe anziehen!)
10 g Hefe

Zitronen gründlich waschen, in Scheiben schneiden und in eine Schüssel legen. Golden Syrup, Weinstein-Backpulver und Ingwerpulver zufügen.

Brennnesseln putzen, waschen, mit etwas Wasser in einen Topf geben und aufkochen. Kochflüssigkeit durch ein Sieb zu den Zitronen und Gewürzen gießen.

So viel Wasser zufügen, dass insgesamt 5 l Brennnesseltee entstehen. Abkühlen lassen, Hefe zufügen und über Nacht ziehen lassen.

Durch ein Sieb gießen, Tee in Flaschen füllen (drei große Limonadenflaschen müssten ausreichen) und mindestens 2 Tage ziehen lassen.

Die Hefe sorgt dafür, dass sich in der Limonade Kohlensäure bildet. Wenn Sie das Getränk 3 Monate oder länger aufbewahren, bekommen Sie Brennnesselbier – aus dem Gärungsprozess von Zucker und Hefe entsteht dann nämlich Alkohol.

Aprikoseneistee

Eistee lässt sich aus jedem beliebigen Früchtetee herstellen. Verwenden Sie dafür einfach Teebeutel Ihrer Wahl und kombinieren Sie diese mit 2 EL derselben getrockneten, fein gehackten Fruchtsorte. Die Trockenfrüchte sorgen für die notwendige Süße und das Aroma, das man mit Früchtetee allein nicht erhält. Verwenden Sie zum Süßen nur Zuckersirup. So wird die leicht bittere Note des Tees gemildert.

FÜR 1 LITER EISTEE
100 g getrocknete Aprikosen
5 Teebeutel mit Aprikosengeschmack
3 EL Zucker
Saft von ½ Zitrone
750 ml Mineralwasser

Aprikosen grob hacken. 250 ml Wasser aufkochen. Trockenfrüchte und Teebeutel zugeben, ca. 3 Minuten kochen lassen. Teebeutel wieder herausnehmen. Topf vom Herd nehmen und Trockenfrüchte noch weitere ca. 30 Minuten im Wasser ziehen lassen.

Für den Zuckersirup Zucker und Zitronensaft mit 150 ml Wasser aufkochen. Sobald der Zucker gelöst ist, vom Herd nehmen und abkühlen lassen.

Tee und Sirup mischen, durch ein Sieb geben, mit Mineralwasser aufgießen und im Kühlschrank kalt stellen.

Joghurt mit Waldbeeren und Honighaferflocken

Dieses Frühstück ist einfach, aber sehr nahrhaft und gesund. Damit können Sie bis zum Mittagessen gut durchhalten. Wenn ich den Tag so beginne, bin ich immer bis mindestens halb 11 Uhr vormittags allerbester Laune. Besonders gut dazu passt eine frische Grapefruit.

FÜR 2 PERSONEN
4 EL Haferflocken
2 EL Honig
200 g gemischte Waldbeeren (TK-Produkt)
1 Prise Salz
1 TL Rohrohrzucker oder brauner Zucker
500 g Joghurt (am besten griechischer Joghurt)
evtl. 1 frische Grapefruit

Backofen auf 150 °C (Gas Stufe 2) vorheizen. Ein Backblech mit Backpapier auslegen.

Haferflocken und Honig in einer Schüssel mischen. Mischung auf dem Backpapier verteilen und ca. 5 Minuten im Backofen rösten.

Beeren auftauen und auf 2 Schüsseln verteilen. Haferflocken aus dem Backofen nehmen, vorsichtig vom Backpapier lösen und über die Beeren streuen. Salz und Zucker darübergeben und Joghurt auf beide Schüsseln verteilen.

Frische und getrocknete Früchte mit Honighaferflocken

Bei diesem Rezept ist etwas Vorbereitung nötig, da die Trockenfrüchte über Nacht eingeweicht werden müssen. Weil ich dieses Frühstück so besonders liebe, habe ich immer ein paar eingeweichte Trockenfrüchte im Kühlschrank, damit ich es jederzeit zubereiten kann.

FÜR 2 PERSONEN
100 g getrocknete Aprikosen
50 g getrocknete Kirschen
25 g Sultaninen
100 g getrocknete Ananas
100 g getrocknete Äpfel
400 ml Apfelsaft
1 TL brauner Zucker
Saft von ½ Zitrone
200 g Haferflocken
2 EL flüssiger Honig
100 g Weintrauben
1 Apfel
1 Birne
250 g Erdbeeren
2 EL Joghurt

Alle Trockenfrüchte mit Apfelsaft, Zucker und Zitronensaft in einer großen Schüssel mischen. Mit Frischhaltefolie abdecken und über Nacht in den Kühlschrank stellen.

Backofen auf 140 °C (Gas Stufe 1½) vorheizen. Ein Backblech mit Backpapier auslegen. Haferflocken und Honig in einer Schüssel mischen. Mischung gleichmäßig auf dem Backpapier verteilen und ca. 15 Minuten im Backofen rösten. Herausnehmen und abkühlen lassen.

Zum Servieren frisches Obst waschen, evtl. vom Kerngehäuse befreien, würfeln und mit den Trockenfrüchten mischen. Honighaferflocken darüberstreuen und kurz mischen. Auf 2 Schüsseln verteilen und mit Joghurt servieren.

WARME

VO

RSPEISEN

Somerset-Pastetchen

Dazu passt das leckere Wildapfelgelee von Seite 234.

FÜR 4 PERSONEN
FÜR DEN TEIG
450 g Mehl
100 g gewürfelten Speck, direkt aus dem Kühlschrank
100 g kalte Butter
Salz

1 kleine Zwiebel
50 g Sellerie
1 mittelgroßer Apfel
50 g Margarine
1 TL Zucker
225 g Schweinehackfleisch
1 EL frische Petersilie
1 Prise Cayennepfeffer
Mehl für die Arbeitsfläche
100 g geriebener Cheddar
4 EL Paniermehl
1 Ei

Für den Teig Mehl in eine große Schüssel sieben. Speck, gewürfelte Butter und 1 Prise Salz untermischen und alles mit den Fingern zu einer krümeligen Masse verarbeiten. 1 EL eiskaltes Wasser zufügen (falls notwendig auch etwas mehr), sodass ein fester Teig entsteht. Kneten Sie dabei nur mit den Fingern, nicht mit der ganzen Hand. Teig zu einer Kugel formen, in Frischhaltefolie wickeln und ca. 30 Minuten im Kühlschrank ruhen lassen.

Zwiebel und Sellerie schälen und fein würfeln. Apfel waschen, vom Kerngehäuse befreien und würfeln. Margarine in einer Pfanne erhitzen, Zwiebel- und Selleriewürfel darin anbraten. Apfelwürfel zufügen und bei mittlerer Temperatur ca. 5 Minuten weich dünsten. Mischung vom Herd nehmen und Zucker untermischen. Alles in eine Schüssel füllen und abkühlen lassen.

Backofen auf 180 °C (Gas Stufe 4) vorheizen. Hackfleisch anbraten, bis es leicht Farbe nimmt, zur Zwiebel-Apfel-Mischung in die Schüssel geben. Petersilie waschen, Blättchen von den Stängeln zupfen, hacken und unter die Zwiebel-Mischung heben. Mit Salz und Cayennepfeffer abschmecken.

Teig auf einer leicht bemehlten Arbeitsfläche ausrollen, Kreise mit 12 cm Durchmesser ausstechen und je 1 gehäuften EL Füllung in die Mitte setzen.

Teigränder anheben und über der Füllung zusammendrücken, dabei oben eine kleine Öffnung lassen.

Öffnung mit Käse und Paniermehl füllen.

Ei verquirlen und Teig damit bestreichen. Pastetchen auf ein Backblech setzen und ca. 30 Minuten im Ofen backen. Noch heiß servieren.

Welsh Rarebit (Käsetoast)

FÜR 4 PERSONEN
4 große Stangen Lauch
50 g Butter
1 EL Mehl
300 ml Milch
225 g reifer Cheddar
225 g geräucherter Cheddar
225 g Blauschimmelkäse
225 g Gloucester (oder anderer Butterkäse)
1 Eigelb
2 EL dunkles Bier
einige Tropfen Worcestershiresauce
2 TL Senf
8 Scheiben Brot, mit Backpulver gebacken (siehe Seite 217)

Lauchstangen putzen, in sehr feine Ringe schneiden und unter fließendem Wasser gründlich waschen. Butter in einem Topf langsam erhitzen, Lauch darin anbraten. Mehl sieben, zufügen und ca. 1 Minute unter ständigem Rühren anschwitzen. Milch langsam angießen und unterrühren. Mischung vom Herd nehmen, Käse, Eigelb, Bier, Worcestershiresauce und Senf zufügen. Alles gut mischen und so lange abkühlen lassen, bis die Mischung fest ist.

Brotscheiben unter dem Grill auf einer Seite rösten. Gekühlte Käsemasse auf die ungetoastete Seite streichen und Brote unter dem Grill goldbraun rösten.

Ziegenkäse mit Gemüsesalat

Den besten Ziegenkäse gibt es zwischen Frühling und Herbst, da Ziegen nur in dieser Zeit frische Milch geben. Denn anders als bei Milchkühen wird bei den Ziegen nicht das ganze Jahr über eine Schwangerschaft vorgetäuscht! Ich liebe besonders den Dorstone-Ziegenkäse, aber man kann natürlich auch einen anderen guten Ziegenkäse verwenden. Wichtig ist, dass er relativ fest ist – ist er zu weich, lässt er sich nur schlecht panieren. Machen Sie deshalb vor dem Kauf eine Drückprobe: Er sollte sich anfühlen wie eine reife Avocado.

FÜR 2 PERSONEN

50 g getrocknete Sauerkirschen, nach Belieben
100 ml Portwein
1 kleines Bund frische Petersilie
2 Eier
100 ml Milch
200 g Mehl
Salz
weißer Pfeffer
250 g Paniermehl
1 Ziegenkäse
5 kleine Blumenkohlröschen
1 mittelgroße Möhre
2 Stangen Sellerie
1 TL Himbeeressig
¼ TL körniger Senf
ca. 540 ml Pflanzenöl
1 Packung fertige Salatmischung
Wildapfelgelee (siehe Seite 234) zum Servieren

Sauerkirschen, falls verwendet, in Portwein legen, damit sie ihr feines Aroma entfalten. Portwein und Kirschen in einen Topf geben und langsam aufkochen. Leicht köcheln lassen, bis die Mischung auf ein Drittel reduziert ist. Vom Herd nehmen und abkühlen lassen.

Petersilie waschen, Blättchen von den Stängeln zupfen und fein hacken. Drei tiefe Teller bereitstellen. In den ersten aufgeschlagene Eier geben, verquirlen und Milch zufügen. Im zweiten Teller gesiebtes Mehl, Petersilie, eine kräftige Prise Salz und Pfeffer mischen. In den dritten Teller Paniermehl geben.

Ein kleines Backblech mit Backpapier auslegen. Käse aus dem Kühlschrank holen. Ein scharfes Messer kurz in kochendes Wasser tauchen und Käse damit der Länge nach in ca. 1 cm dicke runde Scheiben schneiden.

Käsescheiben im gewürzten Mehl wenden, in das verquirlte Ei tauchen und im Paniermehl wenden. Panierte Käsescheiben auf das Backblech setzen und in den Kühlschrank stellen. Vor der Zubereitung des Salats den Arbeitsplatz aufräumen, damit keine Panierzutaten in den Salat gelangen.

Blumenkohl, Möhre und Sellerie putzen und waschen. Auf einem Gemüsehobel in sehr feine Scheiben schneiden und in einer Schüssel mischen. In einer zweiten Schüssel Essig, Senf und 40 ml Pflanzenöl mit dem Schneebesen zu einer Vinaigrette schlagen. Abgekühlten Portwein (mit oder ohne Kirschen) zugeben. (Er sollte inzwischen eine sirupartige Konsistenz haben.)

Restliches Pflanzenöl in einen tiefen Topf füllen (etwa ein Drittel hoch) und auf 160 °C erhitzen. Die Temperatur mit einem Backthermometer überprüfen. Alternativ kann man auch eine Knoblauchzehe in das heiße Pflanzenöl geben, wenn das Öl zu zischen beginnt, hat es die richtige Temperatur. Knoblauchzehe dann wieder herausnehmen.

Einen Schaumlöffel und ein mit Backpapier belegtes Backblech bereithalten. Die panierten Käsescheiben in zwei Portionen ausbacken und auf das Backblech setzen. Herd danach unbedingt ausschalten und den Topf mit dem heißen Öl auf dem Herd zum Abkühlen möglichst weit nach hinten schieben, damit Sie sich auf keinen Fall daran verbrennen.

Salat waschen. Rohes Gemüse mit den Salatblättern mischen und Vinaigrette darüber verteilen. Je eine Handvoll Salat auf 2 Tellern anrichten und Ziegenkäsescheiben darauf anrichten.

Mit Wildapfelgelee servieren.

Blauschimmelkäse-Küchlein

Die Basis für dieses Rezept stammt aus der französischen Küche. Dort nennt man diese frittierten Küchlein Beignets oder Bugnes. Ich habe das Rezept ein wenig abgewandelt, indem ich Ale statt Wasser sowie englischen Senf, Worcestershiresauce und Blauschimmelkäse verwende.

FÜR 4 PERSONEN

FÜR DAS SALATDRESSING

½ Bund frischer Schnittlauch (nach Belieben)
2 EL Cidre- oder Kräuteressig
1 TL körniger Senf
1 TL Honig
6 EL Olivenöl
Salz
frisch gemahlener schwarzer Pfeffer

150 ml Ale (oder Altbier)
60 g Butter
70 g Mehl
100 g kräftiger Blauschimmelkäse
1 TL Senf
1 TL Worcestershiresauce
2 Eier
ca. 400 ml Pflanzenöl
1 Packung fertige Salatmischung
1 EL Chutney nach Wahl

Für das Dressing Schnittlauch waschen und in feine Röllchen schneiden. Alle Zutaten für das Dressing mischen.

Bier in einem Topf erhitzen und Butter darin auflösen. Gesiebtes Mehl zugeben und so lange umrühren, bis sich der Teig vom Topfrand löst. Topf vom Herd nehmen und unter ständigem Rühren Käse, Senf und Worcestershiresauce untermischen. Teig abkühlen lassen. Eier kräftig unterschlagen, bis eine glatte Masse entsteht.

Pflanzenöl in einen tiefen Topf füllen (etwa ein Drittel hoch) und auf 160 °C erhitzen. Die Temperatur mit einem Backthermometer überprüfen. Alternativ kann man auch eine Knoblauchzehe in das heiße Pflanzenöl geben, wenn das Öl zu zischen beginnt, hat es die richtige Temperatur. Knoblauchzehe dann wieder herausnehmen.

Mit einem Esslöffel Nocken aus der Käsemischung abstechen und im heißen Pflanzenöl knusprig frittieren. Herausnehmen und auf einem mit Küchenkrepp ausgelegten Teller abtropfen lassen.

Salat waschen und in eine Schüssel geben. Dressing über den Salat gießen, alles gut mischen und in eine große Schüssel geben. Käseküchlein darauf anrichten und Chutney darüber verteilen.

Rote-Linsen-Suppe mit Linsen-Reis-Doughnuts

FÜR 4 PERSONEN
200 g schwarze Linsen
1 EL Reiskörner
1 rote Zwiebel
2 Knoblauchzehen
2 frische grüne Chilischoten
5 frische Tomaten
1 TL frischer Ingwer
ca. 500 ml Pflanzenöl
2 frische oder getrocknete Curryblätter
2 getrocknete rote Chilischoten
1 TL Kreuzkümmelsamen
1 TL Senfsamen
1 TL Chilipulver
1 TL Kurkumapulver
1 TL Garam Masala
250 g rote Linsen
Salz
½ TL Backpulver
1 kleines Bund frischer Koriander

Für die Doughnuts schwarze Linsen und Reis ca. 30 Minuten in warmem Wasser quellen lassen.

Für die Suppe Zwiebel und Knoblauch schälen und fein würfeln. Chilischote halbieren, putzen, von den Samen befreien, waschen und fein hacken. Tomaten waschen, halbieren, vom Stielansatz befreien und würfeln. Ingwer schälen und fein reiben.

2 EL Pflanzenöl in einer Pfanne erhitzen, Curryblätter, rote Chilischoten, Kreuzkümmelsamen und Senfsamen darin anbraten. Zwiebel, Knoblauch, grüne Chilischoten, Tomaten und Ingwer zugeben. Mit Chilipulver, Kurkuma und Garam Masala kräftig abschmecken. Rote Linsen untermischen und mit 2 l Wasser aufgießen. Aufkochen und ca. 20–25 Minuten leise köcheln lassen.

Schwarze Linsen und Reis über einem Sieb abtropfen lassen, in eine Küchenmaschine geben und glatt pürieren. 1 Prise Salz und Backpulver untermischen, mit den Händen zu Kugeln formen, flach drücken und mit dem Finger in die Mitte ein Loch stechen.

Restliches Pflanzenöl in einen tiefen Topf füllen (etwa ein Drittel hoch) und auf 160 °C erhitzen. Die Temperatur mit einem Backthermometer überprüfen. Alternativ kann man auch eine Knoblauchzehe in das heiße Pflanzenöl geben, wenn das Öl zu zischen beginnt, hat es die richtige Temperatur. Knoblauchzehe dann wieder herausnehmen.

Doughnuts im heißen Pflanzenöl ca. 5 Minuten frittieren, bis sie leicht Farbe nehmen. Mit einem Schaumlöffel herausheben und auf Küchenkrepp abtropfen lassen.

Koriander waschen, Blättchen von den Stängeln zupfen und fein hacken. Suppe mit den Doughnuts auf 4 Teller verteilen und mit Koriander bestreuen.

Kartoffel-Lauch-Küchlein mit knusprigem Speck

FÜR 4 PERSONEN
550 g mehlig kochende Kartoffeln
Salz
100 g Lauch
1 EL Backpulver
100 g Mehl
280 ml Buttermilch
75 g ungesalzene Butter
3 Salbeiblätter
8 Scheiben durchwachsener Speck
2 TL Zitronensaft
frisch gemahlener schwarzer Pfeffer

Kartoffeln schälen. Salzwasser in einem Topf erhitzen und Kartoffeln darin bissfest garen. Abgießen und abkühlen lassen. Die Hälfte der Kartoffeln zu einem Püree zerstampfen, die andere Hälfte grob reiben.

Lauch in kleine Würfel schneiden und unter fließendem Wasser gründlich waschen. Salzwasser in einem Topf erhitzen und Lauch darin kurz blanchieren. Über einem Sieb abtropfen lassen und mit einem sauberen Küchentuch trocken tupfen. Backpulver und Mehl durch ein Sieb in eine Schüssel streichen. Geriebene und zerstampfte Kartoffeln, Lauch und Buttermilch zufügen, alles zu einem dicken Teig kneten.

50 g Butter in einer beschichteten Pfanne langsam erhitzen. Mit einem Teelöffel Nocken aus dem Kartoffelteig abstechen und in der heißen Butter ca. 2 Minuten goldgelb anbraten. Wenden und auf der zweiten Seite wiederholen.

Salbei waschen und in Streifen schneiden. Speck vierteln und in einer zweiten Pfanne knusprig anbraten. Restliche Butter, Salbei und Zitronensaft zufügen. Kräftig mit Pfeffer abschmecken.

Kartoffel-Lauch-Küchlein auf Tellern anrichten und Speckmischung darüber verteilen.

Pochiertes Brathähnchen mit Spargelsalat

FÜR 2 PERSONEN

1 frischer Rosmarinzweig
1 Knoblauchzehe, ungeschält
2 Hähnchenbrustfilets mit Haut, küchenfertig
1 Bund Spargel, die holzigen Enden abgeschnitten
Salz
5 Sardellenfilets
1 rote Zwiebel
1 Bund Frühlingszwiebeln
6 Tomaten
250 g Oliven
1 TL Senf
2 EL aromatisierter Essig (z. B. Himbeeressig)
8 EL Olivenöl
1 Handvoll Salatblätter

600 ml Wasser in einem großen Topf aufkochen. Rosmarin waschen, Blättchen abzupfen, mit Knoblauch und Hähnchenbrustfilets in den Topf geben und Filets bei geringer Hitze im Topf gar ziehen lassen.

Spargel schälen, waschen und in heißem Salzwasser blanchieren. Herausnehmen und in eiskaltem Wasser abschrecken.

Für das Dressing Knoblauch aus dem Kochsud nehmen und schälen. Sardellenfilets zerpflücken, Zwiebel schälen und in dünne Ringe schneiden. Frühlingszwiebeln putzen und fein hacken. Tomaten waschen, halbieren, vom Stielansatz befreien und fein würfeln. Oliven fein hacken.

Knoblauch, Sardellen, Zwiebelringe, Frühlingszwiebel, Tomaten, Oliven, Senf, Essig und 6 EL Olivenöl gut mischen. In den Kühlschrank stellen.

Pochierte Hähnchenbrustfilets herausnehmen und mit Küchenkrepp trocken tupfen. Restliches Olivenöl in einer Pfanne erhitzen, Hähnchenbrustfilets mit der Haut nach unten darin knusprig anbraten. Wenden und Pfanne vom Herd nehmen. Hähnchenbrustfilets in der Pfanne ruhen lassen.

Salat putzen und waschen. Salatblätter und Spargel auf 2 Teller verteilen. Filets in Streifen schneiden und darauf anrichten. Dressing kurz vor dem Servieren über den Salat träufeln.

Ochsenschwanzsuppe

FÜR 2 PERSONEN

2 Ochsenschwänze, mit Knochen in Scheiben geschnitten
2 EL Mehl
50 g Schweineschmalz
1 Zwiebel
2 Knoblauchzehen
2 frische rote Chilischoten
1 TL frische Rosmarinblätter
2 EL frische Petersilie
1 TL Zucker
4 Tomaten
2 mehlig kochende Kartoffeln
250 g Stangenbohnen
1 Lorbeerblatt
Salz
frisch gemahlener schwarzer Pfeffer

Ochsenschwänze in gesiebtem Mehl wenden. Hälfte vom Schweineschmalz in einen großen Topf geben, das Fleisch bei mittlerer Temperatur ausbraten und wieder herausnehmen. Zwiebeln und Knoblauch schälen, fein würfeln und im Bratfett ein paar Minuten anbraten.

Chilischote halbieren, putzen, von den Samen befreien, waschen und fein hacken. Rosmarin und Petersilie waschen, Blättchen von den Stängeln zupfen und fein hacken. Chilischote, Zucker, Rosmarin und Petersilie zu den Zwiebeln geben und ca. 1 Minute weiterbraten.

Tomaten waschen, in Spalten schneiden und vom Stielansatz befreien. Kartoffeln schälen und in 2 cm große Würfel schneiden. Bohnen putzen, waschen und grob hacken. Tomaten, Kartoffeln und Bohnen mit in den Topf geben, untermischen und alles unter Rühren ein paar Minuten kochen lassen.

Ochsenschwänze, 1,8 l Wasser, Lorbeerblatt , je 1 Prise Salz und Pfeffer zufügen, langsam aufkochen und 90–120 Minuten leise köcheln lassen.

Wachteln mit Birnen-Bohnen-Salat

FÜR 2 PERSONEN

300 ml trockener Cidre
1 Lorbeerblatt
4 Wachteln, küchenfertig
500 g grüne Bohnen
Salz
1 Bund frische Petersilie
1 Knoblauchzehe
1 kleine Zwiebel
Saft von 1 Zitrone
½ TL Senf
150 ml Olivenöl
2 EL geröstete Mandelblättchen
2 Birnen
200 g Baby-Spinat

Cidre und 600 ml Wasser in einem Topf aufkochen. Lorbeerblatt und Wachteln hineingeben. Topf sofort vom Herd nehmen, Deckel auflegen und Wachteln ca. 20 Minuten in der Flüssigkeit gar ziehen lassen.

Inzwischen den Salat zubereiten. Grüne Bohnen putzen und waschen. Salzwasser in einem Topf erhitzen und Bohnen darin ca. 4 Minuten blanchieren. Für das Salatdressing Petersilie waschen, Blättchen von den Stängeln zupfen und fein hacken. Zwiebel und Knoblauch schälen und fein würfeln. Zitronensaft, Senf, Salz, Petersilie, Knoblauch, Zwiebel, 100 ml Olivenöl und Mandelblättchen mischen.

Bohnen abgießen, in eine große Schüssel füllen, noch warm mit etwas Dressing begießen und gut mischen. Birnen schälen, in 8 Spalten schneiden, vom Kerngehäuse befreien und zu den Bohnen geben.

Wachteln aus dem Sud heben, mit einem scharfen Messer das Fleisch vom Rückgrat lösen und Wachteln flach auf ein Schneidebrett legen. Restliches Olivenöl in einer Pfanne erhitzen. Wachteln trocken tupfen, im heißen Olivenöl auf beiden Seiten knusprig anbraten.

Spinat putzen, waschen und zum Salat geben. Restliches Dressing darüber verteilen, alles gut mischen und in eine große Servierschüssel füllen. Wachteln darauf anrichten und mit Bratensaft aus der Pfanne übergießen.

Geräucherte Ente mit Birnen-Käse-Salat

Die Verwendung von Granatäpfeln mag in einem britischen Rezept etwas seltsam anmuten, doch in diesem Fall erwidere ich gerne, dass auch keine Teesträucher in England wachsen. Obwohl dieses Rezept also ein Element der Fusion-Küche enthält, die ich eigentlich nicht mag, funktioniert es richtig gut. Ein Gericht, das echte Ladys zum Lunch essen.

FÜR 4 PERSONEN

- 350 g Rohrohrzucker
- 10 g Sternanis
- 50 g Darjeelingtee
- 10 g fein abgeriebene Schale einer unbehandelten Zitrone
- 2 Barbarie-Entenbrüste, küchenfertig

FÜR DEN SALAT

- 1 EL Walnussöl
- 1 EL Granatapfelsirup
- Saft von ½ Zitrone
- 1 kleine Knoblauchzehe
- 1 Granatapfel
- 1 reife Birne
- 1 Bund Brunnenkresse
- 50 g geriebener Chester (oder alter Gouda)

Einen großen Topf mit Deckel sorgfältig mit Alufolie auskleiden. Achten Sie darauf, dass keine Löcher oder Lücken entstehen, sonst geht der Topf kaputt. Einen Dämpfeinsatz aus Metall in den Topf stellen.

Zucker, Sternanis, losen Tee und Zitronenschale in einer Küchenmaschine zu einem feinen Pulver zermahlen. Pulver gleichmäßig über den mit Alufolie ausgelegten Topfboden streuen. Entenbrüste mit der Haut nach unten auf den Dämpfeinsatz legen. Topf mit dem Deckel verschließen und ca. 6–8 Minuten bei mittlerer Temperatur auf den Herd stellen.

Topf vom Herd nehmen und zugedeckt weitere ca. 5 Minuten ruhen lassen. Entenbrüste herausnehmen, auf einen Teller legen und ruhen lassen. Die Entenbrust sollte geräuchert und gar sein. Sehr große Stücke müssen eventuell noch in einer Pfanne weitere ca. 2–3 Minuten rosa angebraten werden.

Inzwischen für das Salatdressing Walnussöl, Granatapfelsirup, Zitronensaft und Knoblauch in einer Schüssel mischen. Granatapfelfleisch aus der Frucht lösen und Saft auffangen. Birne schälen, vierteln, vom Kerngehäuse befreien und in dicke Scheiben schneiden. Granatapfel, Granatapfelsaft und Birnenspalten in das Dressing geben. Entenbrüste in Streifen schneiden.

Brunnenkresse waschen und auf Teller verteilen, Birnenmischung und Entenbruststreifen darauf anrichten und alles mit Chester bestreuen.

Blumenkohlcremesuppe mit Käsescones

FÜR 4 PERSONEN
1 Zwiebel
1 Stange Lauch
3 Stangen Sellerie
50 g Butter
600 ml Cidre
600 ml Gemüsebrühe (siehe Seite 231)
1 Blumenkohl
225 g Stilton (oder anderer Blauschimmelkäse)
Salz
frisch gemahlener schwarzer Pfeffer
300 g Sahne
1 Prise Muskatblütenpulver (Macis)
1 Prise geriebene Muskatnuss

FÜR DIE SCONES
5 neue Kartoffeln
500 g Mehl
1 Päckchen Backpulver
50 g Butter
10 frische Basilikumblätter (nach Belieben)
50 g geriebener Red Leicester (oder Gouda)
50 g geriebener Double Gloucester (oder Butterkäse)
50 g geriebener Cheddar
1 Prise Salbeipulver
1 Ei
350 ml Milch
2 EL körniger Senf
Mehl für die Arbeitsfläche

Zwiebel schälen und fein würfeln. Lauch putzen, in dünne Ringe schneiden und unter fließendem Wasser gründlich waschen. Sellerie putzen, schälen und in dünne Scheiben schneiden. Butter in einer Pfanne bei niedriger Temperatur zerlassen und die Zwiebel darin langsam anbraten. Lauch und Sellerie zufügen und Gemüse weich dünsten. Mit Cidre und Gemüsebrühe aufgießen und alles aufkochen.

Blumenkohl putzen, waschen und in Röschen zerteilen. Blumenkohl zugeben und gar kochen. Blauschimmelkäse zerkrümeln, langsam einrühren und mit dem Stabmixer pürieren. Suppe kräftig mit Salz und Pfeffer würzen. Mit Sahne, Muskatblütenpulver und Muskatnuss abschmecken.

Backofen auf 190 °C (Gas Stufe 5) vorheizen.

Für die Scones Kartoffeln schälen und würfeln. Salzwasser in einem Topf erhitzen und Kartoffeln darin weich garen. Abgießen und abkühlen lassen. Mehl, Backpulver und 1 Prise Salz durch ein Sieb in eine große Schüssel streichen. Butter zufügen und alles mit den Fingern zu einer krümeligen Masse verarbeiten. Basilikum waschen und in dünne Streifen schneiden. Kartoffeln, Basilikum (falls verwendet) und drei Viertel von dem Käse untermischen. Mit Salbeipulver würzen.

In einer zweiten Schüssel Ei, 300 ml Milch und Senf verquirlen. Die Mischung über die Käsemasse geben und alles vorsichtig zu einem groben Teig verarbeiten.

Teig auf einer leicht bemehlten Fläche 2,5 cm dick ausrollen und kleine Plätzchen ausschneiden oder ausstechen. Scones mit restlicher Milch bestreichen und restlichem Käse bestreuen. Ca. 25 bis 30 Minuten backen.

Suppe mit Scones und etwas Butter servieren.

Eds Tipp: Wenn Sie keine Zeit haben, die Gemüsebrühe selbst zuzubereiten, können Sie auch einfach einen Brühwürfel verwenden.

Sauer-scharfe Gemüsesuppe

Hierbei handelt es sich zwar um ein chinesisches Gericht, aber die Chinaküche ist allgemein inzwischen so beliebt, dass ich unbedingt ein Rezept für diese selbst gemachte Köstlichkeit in meinem Kochbuch haben wollte. Ich habe sie unter Vorspeisen eingeordnet, aber man kann sie durchaus auch als Hauptgericht servieren.

FÜR 6 PERSONEN ALS VORSPEISE ODER FÜR 4 PERSONEN ALS HAUPTGERICHT

1 Handvoll Austernpilze
1 l Gemüsebrühe (siehe Seite 231)
1 TL frischer Ingwer
½ chinesischer Weißkohl oder Chinakohl
1 kleine Dose Bambussprossen
1 Päckchen Reisnudeln
1 kleiner Block frischer Tofu
2 EL Sojasauce
2 EL (Reis-)Essig
Salz
frisch gemahlener schwarzer Pfeffer
1 frische rote Chilischote
1 Ei
1 Frühlingszwiebel
1 Handvoll frischer Koriander

Austernpilze putzen, in eine Schüssel legen und mit kochendem Wasser übergießen. Ca. 20 Minuten quellen lassen und in dünne Streifen schneiden.

Gemüsebrühe in einem großen Topf zum Sieden bringen. Ingwer schälen und fein reiben. Weißkohl putzen, waschen und in ca. 2 cm breite Streifen schneiden. Bambussprossen abgießen und in Streifen schneiden. Austernpilze, Ingwer, Weißkohlstreifen und Bambussprossen in die Gemüsebrühe geben, ca. 5 Minuten leicht köcheln lassen.

Reisnudeln zufügen und ca. 1 Minute weiterkochen. Tofu in Streifen schneiden und zugeben.

Suppe kräftig mit Sojasauce, Essig, Salz und Pfeffer abschmecken. Chilischote halbieren, putzen, Samen entfernen, waschen und fein hacken. Suppe aufkochen, verquirltes Ei und Chilischote zugeben.

Frühlingszwiebeln putzen, waschen und in dünne Ringe schneiden. Koriander waschen, Blättchen von den Stängeln zupfen und fein hacken. Suppe mit Frühlingszwiebeln und Koriander bestreuen.

Gemüsesuppe mit Speck

FÜR 4 PERSONEN

1 Zwiebel
2 große Möhren
1 Stange Lauch
3 EL Olivenöl
4 Scheiben durchwachsener Speck
400 g Stangenbohnen
1 Knoblauchzehe
4 Tomaten
1 TL Tomatenmark
1 Dose Cannellini-Bohnen (400 g) (oder rote Bohnen)
1 TL getrockneter Basilikum
1 Lorbeerblatt
1,2 l Gemüsebrühe (siehe Seite 231)
Salz
frisch gemahlener schwarzer Pfeffer
100 g Gerste

Zwiebel schälen und fein würfeln. Möhren putzen, waschen und fein würfeln. Lauch in feine Ringe schneiden und unter fließendem Wasser gründlich waschen. Olivenöl in einem großen Topf langsam erhitzen. Zwiebel, Möhre, Lauch und Speck zugeben, bei mittlerer Temperatur ca. 3 Minuten anbraten.

Stangenbohnen putzen, waschen und grob schneiden. Knoblauch schälen und fein hacken. Stangenbohnen und Knoblauch zum Gemüse geben, ca. 2 Minuten braten.

Tomaten waschen, halbieren, vom Stielansatz befreien und fein würfeln. Tomaten und Tomatenmark zugeben und ca. 1 Minute dünsten.

Cannellini-Bohnen abgießen. Bohnen, Basilikum, Lorbeerblatt und Gemüsebrühe zufügen. Mit 1 Prise Salz und Pfeffer abschmecken. Alles aufkochen, Gerste unterrühren und ca. 45 Minuten leicht köcheln lassen.

Vom Herd nehmen, kurz etwas abkühlen lassen und sofort servieren.

Eds Tipp: Diese Suppe schmeckt besonders köstlich, wenn man sie mit etwas frisch geriebenem Käse bestreut. Dazu passt frisches Tomatenbrot (siehe Seite 217).

Seelachsfilets in Bierteig

FÜR 4 PERSONEN

FÜR DIE SENFSAUCE

25 g Butter
1 EL Mehl
125 ml Fischfond (siehe Seite 230)
1 TL frischer Schnittlauch
1 TL frischer Kerbel
125 ml Milch
1 TL Sahnemeerrettich
1 TL körniger Senf
1 TL Worcestershiresauce
1 TL saure Sahne

FÜR DEN BIERTEIG

2 Eiweiß
2 EL Pflanzenöl
175 ml Bier
125 g Mehl
Salz

1 l Pflanzenöl
500 g Seelachsfilet, küchenfertig
1 große Handvoll Salatblätter
1 kleine Handvoll frische Petersilie
1 kleine Handvoll frischer Dill
Saft von 1/4 Zitrone
Olivenöl
frisch gemahlener schwarzer Pfeffer
Zitronenspalten zum Garnieren

Für die Senfsauce Butter in einem Topf zerlassen. Vom Herd nehmen und Mehl vorsichtig hineinsieben. Wieder auf den Herd stellen und Mehl unter Rühren bei mittlerer Temperatur anschwitzen, bis es Farbe nimmt. Fischfond nach und nach zugießen und mit einem Schneebesen so lange unterrühren, bis eine glatte Sauce entsteht. Aufkochen und ca. 2 Minuten leise köcheln lassen.

Schnittlauch und Kerbel waschen, Blättchen von den Stängeln zupfen und fein hacken. Milch, Kräuter, Sahnemeerrettich, Senf und Worcestershiresauce zufügen. Saure Sahne unterrühren. Vom Herd nehmen und ein Stück geöltes Backpapier auf die Sauce legen, damit sich keine Haut an der Oberfläche bildet.

Für den Bierteig Eiweiße steif schlagen. In einer Schüssel Pflanzenöl, Bier, gesiebtes Mehl und 1 Prise Salz mischen. Eischnee vorsichtig unter den Teig ziehen.

Pflanzenöl in einen tiefen Topf füllen (etwa ein Drittel hoch) und auf 160 °C erhitzen. Die Temperatur mit einem Backthermometer überprüfen. Alternativ kann man auch eine Knoblauchzehe in das heiße Pflanzenöl geben, wenn das Öl zu zischen beginnt, hat es die richtige Temperatur. Knoblauchzehe dann wieder herausnehmen.

Fischfilets in ca. 4 cm große Würfel schneiden, in Bierteig tauchen und auf beiden Seiten ca. 3–4 Minuten goldbraun frittieren.

Salat waschen, Petersilie und Dill waschen, Blättchen von den Stängeln zupfen, fein hacken und in eine große Schüssel geben. Zitronensaft und Olivenöl darübergeben. Mit Salz und Pfeffer abschmecken.

Fischfilets mit Senfsauce, Zitronenspalten und Salat servieren.

Mangoldgratin mit Krebsfleisch

FÜR 2 PERSONEN

FÜR DEN GRATINBELAG
1 Knoblauchzehe
1½ EL Olivenöl
1 TL Butter
1½ EL Paniermehl

1 Schalotte
200 g roter Mangold
1 Prise Chilipulver
50 g Butter
1 EL Mehl
2 EL trockener Wermut (z. B. Noilly Prat)
2 EL Crème double
200 ml Milch
Salz
frisch gemahlener schwarzer Pfeffer
1 kleines Bund frische Petersilie
100 g Krebsfleisch
3 EL geriebener Gloucester (oder Butterkäse)

Für den Gratinbelag Knoblauch schälen und sehr fein würfeln. ½ EL Olivenöl und Butter in einer Pfanne erhitzen und Knoblauch darin anbraten. Paniermehl zufügen und ein paar Minuten weiterbraten.

Schalotte schälen und fein würfeln. Restliches Olivenöl in einer Pfanne erhitzen und Schalotten darin langsam anbraten. Mangold putzen, waschen und Blätter von den Stielen trennen. Stiele fein hacken. Mangoldstiele in die Pfanne geben und anbraten. Chilipulver darüberstreuen und ca. 5 Minuten weiterbraten.

Butter in einem kleinen Topf zerlassen, gesiebtes Mehl einrühren und ca. 2–3 Minuten anschwitzen. Wermut angießen, nach und nach Crème double und Milch zugeben und alles zu einer glatten Sauce verrühren. Noch ca. 30 Sekunden kochen lassen, bis die Sauce leicht goldgelb wird. Mit Salz und Pfeffer würzen. Petersilie waschen, Blättchen von den Stängeln zupfen und fein hacken. Petersilie und Mangoldblätter zugeben und ca. 3–4 Minuten köcheln lassen, dabei gelegentlich umrühren.

Backofen auf 180 °C (Gas Stufe 4) vorheizen.

Sauce vom Herd nehmen, Krebsfleisch und Käse unterheben. Mischung in eine gebutterte ofenfeste Form füllen. Belag darüberstreuen und Gratin ca. 10 Minuten überbacken. Dazu passt frischer grüner Salat.

Miesmuscheltarte mit Rote-Bete-Salat

FÜR 8 PERSONEN

FÜR DEN MÜRBETEIG

200 g Mehl
100 g Butter
Salz
Mehl für die Arbeitsfläche
Trockenbohnen zum Blindbacken

2 Schalotten
5 Knoblauchzehen
2 Möhren
1 Bund frische Petersilie
40 g ungesalzene Butter
350 ml Weißwein
7 Eigelb
350 ml Crème double
2 Dosen geräucherte Miesmuscheln (oder eingelegte Miesmuscheln aus dem Glas)
Muskatnuss
weißer Pfeffer

FÜR DEN ROTE-BETE-SALAT

4 ganze gekochte Rote Beten, in dünne Spalten geschnitten
1 große Zwiebel
½ Bund frische Petersilie
1 TL Weinessig
1 TL Senf
1 Prise Zucker
5 Sardellenfilets
4 EL Olivenöl
5 gehackte Walnüsse

Für den Teig Mehl und Butter verkneten, 150 ml Wasser und 1 Prise Salz zufügen und alles zu einem glatten Teig verarbeiten. Teig in Frischhaltefolie einschlagen und ca. 30 Minuten im Kühlschrank ruhen lassen.

Backofen auf 180 °C (Gas Stufe 4) vorheizen.

Teig auf einer bemehlten Arbeitsfläche ausrollen. Teigboden in eine flache Springform mit 25 cm Durchmesser legen, mehrmals mit der Gabel einstechen, mit Backpapier bedecken und ca. 15 Minuten ruhen lassen.

Teigboden ca. 25 Minuten mit einer Schicht Trockenbohnen bedeckt blind backen. Aus dem Backofen nehmen und abkühlen lassen.

Backofentemperatur auf 170 °C (Gas Stufe 3½) reduzieren.

Schalotten und Knoblauch schälen und fein würfeln. Möhren putzen, waschen und fein hacken. Petersilie waschen, Blättchen von den Stängeln zupfen und fein hacken. Butter in einem Topf bei niedriger Temperatur zerlassen. Schalotten, Knoblauch, Möhren und Petersilie zugeben und ca. 15 Minuten dünsten. Weißwein zufügen, Mischung aufkochen und auf ein Viertel reduzieren lassen.

In der Zwischenzeit Eigelbe und Crème double verquirlen. Schalottenmischung vom Herd nehmen und Miesmuscheln untermischen. Verquirltes Eigelb zufügen, mit einer kräftigen Prise Muskatnuss und Pfeffer würzen. Mischung bei niedriger Temperatur unter ständigem Rühren erwärmen, bis sie leicht andickt. Vom Herd nehmen.

Vorgebackenen Tarteboden in der Form auf ein Backblech setzen. Miesmuschelfüllung auf dem Teig verteilen und ca. 30 Minuten backen.

Für den Salat Zwiebel schälen und fein hacken. Petersilie waschen und fein hacken. Zwiebel, Essig, 1 Prise Salz, Senf und Zucker in einer Schüssel mischen und ca. 10 Minuten ziehen lassen. Sardellenfilets in feine Streifen schneiden. Rote Bete in eine Schüssel geben, Sardellenfilets, Olivenöl, Walnüsse und Petersilie darüber verteilen und Dressing unterheben. Salat zu der Miesmuscheltarte servieren.

Eds Tipp: Das übrig gebliebene Eiweiß brauchen Sie nicht wegzuwerfen. Daraus können Sie Eton Mess zubereiten (siehe Seite 186).

Britische Fischsuppe

FÜR 4 PERSONEN
1 Stange Lauch
3 Zwiebeln
4 Knoblauchzehen
4 Stangen Sellerie
2 Möhren
2 Fenchelknollen
100 g Butter
1 kräftige Prise getrocknete rote Chiliflocken
1 EL Tomatenmark
1 Bund frische Petersilie
100 g Mehl
1 Orange
1 kleine Sellerieknolle
175 ml Weißwein
175 ml trockener Wermut (z. B. Noilly Prat)
3 Sternanis
1,2 l Fischfond (siehe Seite 230)
Salz
weißer Pfeffer
2 Pollackfilets (oder Alaska Seelachsfilets)
225 g Seeteufelschwänze
150 g Sahne
200 g Krebsfleisch

Lauch putzen, in dünne Ringe schneiden und gründlich waschen. Zwiebeln und Knoblauch schälen und fein hacken. Sellerie, Möhren und Fenchel putzen, waschen und fein würfeln. Butter in einem großen Topf zerlassen. Gemüse und Chiliflocken zufügen und anbraten.

Tomatenmark zugeben und ca. 2 Minuten weiterkochen. Petersilie waschen, Blättchen abzupfen und fein hacken. Mit dem Mehl untermischen und ca. 2 Minuten weiterkochen. Orange schälen und vierteln. Sellerie putzen und fein würfeln. Orange, Sellerie, Weißwein und Wermut zufügen. Aufkochen und auf die Hälfte reduzieren lassen. Sternanis, Fischfond und je ½ TL Salz und Pfeffer zugeben.

Unter ständigem Rühren aufkochen, Temperatur reduzieren und ca. 60 Minuten köcheln lassen. Vom Herd nehmen und abkühlen lassen. Sternanis herausnehmen und Suppe im Mixer glatt pürieren. Suppe wieder in den Topf geben und erhitzen. Fisch würfeln, mit der Sahne in die Suppe geben und ca. 2 Minuten kochen. Krebsfleisch untermischen und sofort servieren.

Makrelensoufflé

Servieren Sie dazu einen frischen Salat aus Brunnenkresse mit einem Dressing aus Zitrone, Olivenöl, Salz und Pfeffer.

FÜR 4 PERSONEN
1 Mürbeteig (siehe Seite 223)
25 g Butter
25 g Mehl
150 ml Milch
150 ml Crème double
1 TL Meerrettich
200 g Räuchermakrele
1 TL Senf
1 Prise Cayennepfeffer
Saft von ½ Zitrone
Salz
frisch gemahlener Pfeffer
100 g geriebener Cheddar
4 Eier

Backofen auf 180 °C (Gas Stufe 4) vorheizen.

Mürbeteig ausrollen und in eine flache Springform mit 25 cm Durchmesser legen. Teigboden mit Backpapier und einer Schicht getrockneten Bohnen bedecken. Ca. 30 Minuten im Kühlschrank ruhen lassen, herausnehmen und ca. 10 Minuten blindbacken. Aus dem Backofen nehmen und abkühlen lassen.

Für die Sauce Butter in einem Topf zerlassen. Mehl einrühren und ca. 2–3 Minuten anschwitzen. Milch und Crème double langsam zufügen und gut unterrühren.

Für die Füllung Meerrettich, Räuchermakrele, Senf, Cayennepfeffer, Zitronensaft, Salz und Pfeffer in einer Schüssel mischen.

Die Sauce vom Herd nehmen. Käse und Makrelenmischung unterrühren und abkühlen lassen.

Eier trennen. Eigelbe unter die abgekühlte Soufflémasse ziehen. Eiweiße mit einem Handrührgerät steif schlagen. Die Hälfte des Eischnees unter die Soufflémasse ziehen und dann die Soufflémasse vorsichtig unter den restlichen Eischnee heben. Masse auf den vorgebackenen Teig streichen und ca. 20 Minuten backen.

VC

KALTE

RSPEISEN

Bohnensalat mit Ziegenkäse, Ei und Anchovis

Dies ist ein sehr einfacher Salat, der durch die besonders schönen Farbkontraste nicht nur wunderbar aussieht, sondern auch so schmeckt – vorausgesetzt, Sie bereiten alle Zutaten richtig zu.

FÜR 4 PERSONEN
FÜR DAS DRESSING
6 Kirschtomaten
Salz
1 Prise Zucker
½ TL Senf
1 EL Sherryessig
5 EL Olivenöl
1 Bund frische Petersilie

4 Eier
300 g Ziegenkäse
250 g grüne Bohnen
100 g Sardellenfilets

Für das Dressing Kirschtomaten waschen und in feine Scheiben schneiden. Tomaten in eine Schüssel geben und mit etwas Salz und dem Zucker bestreuen. Senf, Sherryessig und Olivenöl in einer kleinen Schüssel mit dem Schneebesen gut verrühren und über die Tomaten geben. Petersilie waschen, Blättchen von den Stängeln zupfen, fein hacken und unterheben. Dressing in ein sauberes Marmeladenglas mit Schraubverschluss füllen, zuschrauben und ca. 1-2 Minuten kräftig schütteln. In den Kühlschrank stellen.

Eier weich kochen (siehe Tipp), abschrecken und vorsichtig pellen. Ziegenkäse in Scheiben schneiden.

Bohnen putzen und waschen. Salzwasser in einem Topf erhitzen und Bohnen darin ca. 4 Minuten blanchieren. Sofort abgießen und in eine Schüssel geben. Am besten schmeckt dieser Salat, wenn die Bohnen noch warm sind. Nach dem Blanchieren muss es also sehr schnell gehen.

Käse und Sardellenfilets unter die Bohnen heben, Dressing darüber verteilen.

Salat auf vier Teller verteilen. Eier halbieren, auf dem Salat anrichten und etwas Dressing darüberträufeln.

Eds Tipp: Wenn die Eier Raumtemperatur haben, sollten sie 4 Minuten kochen, kommen sie direkt aus dem Kühlschrank, erhöht sich die Kochzeit auf 4,5 Minuten.

flat white.
Le Soleil sur votre table
Driscoll's
Driscoll's
Driscoll's
Driscoll's
Driscoll's
Driscoll's
Driscoll's
Driscoll's
ABS
QUALITY SALADS
ENGLISH
CELERY

Rote-Bete-Salat mit Spargel, Ei und knusprig gebratenem Schinken

Die Kombination aus knusprigem, salzigem Schinken und dem weichen Aroma von Spargel ist für mich das Gefühl von „Sommer". Besonders wundervoll schmeckt das Ganze mit getoastetem Walnussbrot.

FÜR 4 PERSONEN
Pflanzenöl
250 g Schinken in dünnen Scheiben
1 Bund grüner Spargel
Salz
4 Enteneier (oder Hühnereier)

FÜR DAS SENFDRESSING
4 EL Olivenöl
1 TL Senf
2 TL Essig
1 Bund frische Petersilie

200 g rote Bete, gekocht

Backofen auf 220 °C (Gas Stufe 7) vorheizen. Ein Backblech mit leicht geölter Alufolie auslegen.

Schinkenscheiben nebeneinander auf die Alufolie legen und ca. 5 Minuten im Ofen knusprig braten. Herausnehmen und abkühlen lassen.

Spargel putzen, bei Bedarf schälen und waschen. Salzwasser in einem Topf erhitzen und Spargel darin ca. 3 Minuten blanchieren. Spargelstangen herausnehmen und halbieren.

Eier ca. 3 Minuten kochen, abschrecken und vorsichtig pellen.

Für das Dressing Olivenöl, Senf und Essig verrühren. Petersilie waschen, Blättchen von den Stängeln zupfen, fein hacken und unter das Dressing mischen. Rote Bete in Würfel schneiden, in eine Schüssel geben und Dressing vorsichtig unterheben.

Rote-Bete-Salat auf vier Teller verteilen. Knusprigen Schinken in große Stücke schneiden und über den Salat streuen. Spargel und Eier auf den Tellern verteilen und restliches Dressing darüberträufeln.

Tomatensalat mit grünen Bohnen und Speck

FÜR 4 PERSONEN
200 g grüne Bohnen
Salz
8 Scheiben durchwachsener Räucherspeck
12 Kirschtomaten
2 Zwiebeln
9 EL Pflanzenöl
3 dicke Scheiben Landbrot
frisch gemahlener schwarzer Pfeffer
150 g Stilton (oder anderer Blauschimmelkäse)
1 kleines Bund frischer Estragon
1 Knoblauchzehe
1 EL Weißweinessig
1 TL Senf
1 Prise Zucker

Backofen auf 180 °C (Gas Stufe 4) vorheizen. Ein Backblech mit Alufolie und ein weiteres Backblech mit Backpapier auslegen.

Bohnen putzen und waschen. Salzwasser in einem Topf erhitzen und Bohnen darin ca. 3–4 Minuten blanchieren. Abgießen und beiseite stellen.

Speck auf dem mit Backpapier belegten Blech ca. 8 Minuten im Ofen braten, dann beiseite stellen.

Tomaten waschen, vierteln und auf einen Teller legen. Mit etwas Salz bestreuen. Zwiebeln schälen und in dünne Ringe schneiden. 1 EL Öl in einem Topf erhitzen und Zwiebelringe darin bei mittlerer Temperatur goldgelb anbraten.

Brot in 2 x 2 cm große Würfel schneiden und auf das mit Alufolie belegte Blech legen. Mit 5 EL Öl beträufeln und 1 Prise schwarzem Pfeffer würzen. Alles gut mischen. Käse zerkrümeln und mit den Zwiebeln darüber verteilen, im Ofen ca. 6 Minuten backen. Herausnehmen und abkühlen lassen.

Für das Dressing Estragon waschen, Blättchen abzupfen und fein hacken. Knoblauch schälen und fein würfeln. Estragon, Knoblauch, Essig, restliches Öl, Senf und Zucker in einer Schüssel mischen.

Tomaten und Bohnen mischen und unter das Dressing heben. Croûtons darüberstreuen und Salat auf vier Teller verteilen. Mit knusprig gebratenem Speck bestreuen und servieren.

Kürbissalat mit Birnen und Haselnüssen

Was ich an diesem Salat besonders liebe, ist die faszinierende Kombination von Aromen – süß, sauer, bitter und nussig. Verwenden Sie unbedingt reife Birnen bester Qualität und achten Sie darauf, dass der Kürbis gut durchgegart ist.

FÜR 4 PERSONEN

2 reife Birnen
Saft von 1 Zitrone
1 ganzer Butternut-Kürbis
 (oder anderer Speisekürbis)
Salz
4 frische Thymianzweige
4 Knoblauchzehen, ungeschält
6 EL Olivenöl
200 g Cheddar
50 g gehackte Haselnüsse
frisch gemahlener schwarzer Pfeffer

Backofen auf 180 °C (Gas Stufe 4) vorheizen. Ein Backblech mit Alufolie auslegen.

Birnen vierteln, vom Kerngehäuse befreien und in dünne Scheiben schneiden. In eine Schüssel geben. Mit Zitronensaft beträufeln und kurz mischen.

Kürbis der Länge nach halbieren und entkernen. Kürbishälften in je drei Spalten schneiden, auf das Backblech setzen und mit einer kräftigen Prise Salz würzen. Thymianzweige waschen und Blättchen vom Stiel zupfen. Knoblauchzehen und Thymianblättchen zufügen, mit 2 EL Olivenöl beträufeln und gut mischen. Mit Alufolie bedecken, zum Verschließen die Folie an den Rändern zusammendrücken und einklappen. Mischung ca. 40–50 Minuten im Ofen backen.

Käse würfeln und mit Haselnüssen in einer Schüssel mischen.

Kürbismischung aus dem Ofen nehmen, Alufolie entfernen und abkühlen lassen.

Zitronensaft aus der Schüssel mit den Birnen in eine zweite Schüssel umgießen und für das Dressing beiseite stellen. Gebratene Knoblauchzehen schälen und in den Zitronensaft geben. Bratensaft vom Kürbis unter den Zitronensaft mischen, restliches Öl unterrühren. 2 EL Wasser zum Dressing rühren und mit 1 Prise Pfeffer abschmecken.

Fruchtfleisch aus den Kürbisstücken lösen, in Würfel schneiden und zur Haselnuss-Käse-Mischung geben. Salat auf vier Teller verteilen und mit dem Dressing beträufeln.

Kalte Lauchsuppe mit Ziegenkäse

Kartoffel- und Lauchsuppen gehörten schon immer zu meinen absoluten Favoriten. Wenn Sie diese Lauchsuppe getestet haben, werden Sie den Unterschied zwischen einer „guten“ und einer „schlechten“ schnell erkennen. Dies gilt auch für diese kalte Variante – das Geheimnis liegt einzig und allein darin, wie lange und bei welcher Temperatur Sie den Lauch kochen. Servieren Sie diese Suppe mit knusprigem Brot.

FÜR 4 PERSONEN
2 Zwiebeln
2 Knoblauchzehen
4 Stangen Sellerie
6 große Stangen Lauch
4 EL Pflanzenöl
75 ml Weißwein
2 l Gemüsebrühe (siehe Seite 231)
2 Scheiben Brot
100 g Ziegenkäse
1 Bund frischer Schnittlauch
2 EL Crème double
Salz
weißer Pfeffer

Zwiebeln und Knoblauch schälen und fein hacken. Sellerie putzen, waschen und in dünne Scheiben schneiden. Lauch der Länge nach halbieren, grünen Teil entfernen und gründlich unter fließendem Wasser waschen. Öl in einem großen Topf erhitzen, Zwiebeln, Knoblauch, Sellerie und Lauch zufügen, unter gelegentlichem Umrühren weich braten.

Wein angießen und auf die Hälfte reduzieren lassen. Gemüsebrühe angießen. Aufkochen, ca. 90 Minuten leise köcheln und auf ein Drittel reduzieren lassen.

Brot von der Rinde befreien und würfeln. Ziegenkäse in große Stücke schneiden und mit den Brotwürfeln unter die Suppe mischen. Vom Herd nehmen und abkühlen lassen.

Suppe portionsweise in einer Küchenmaschine mindestens 1 Minute cremig pürieren und in eine große Schüssel füllen. Schnittlauch waschen und in feine Röllchen schneiden. Crème double und Schnittlauch unter die Suppe heben und kräftig mit Salz und Pfeffer abschmecken. Ein Stück Frischhaltefolie auf die Oberfläche der Suppe legen, damit sich keine Haut bildet. Suppe in den Kühlschrank stellen und kalt servieren.

Würziger gekochter Schinken mit Walnussdressing

Die Kombination und Schinken und Sellerie passt perfekt! Mit ein paar Silberzwiebeln, etwas Käse und gutem Brot eignet sich dieses Gericht auch wunderbar als Mittagimbiss.

FÜR 4 PERSONEN

1 Zwiebel
Gewürznelken
1 Möhre
1 roher, ungeräucherter Schinken (ca. 900 g)
1 Lorbeerblatt
3 EL Cidre- oder Kräuteressig
1 TL Senfpulver
1 kleine Sellerieknolle
3 EL flüssiger Honig
1½ EL Senf
Salz
100 g Paniermehl

FÜR DAS WALNUSSDRESSING

25 ml Walnussöl
25 ml Pflanzenöl
½ TL Zucker
1 kleines Bund frischer Schnittlauch

Zwiebel mit Gewürznelken spicken. Möhre putzen und waschen. Schinkenbraten, Zwiebel, Möhre, Lorbeerblatt, 2 EL Essig und Senfpulver in einen großen Topf geben. 1,8 l Wasser zufügen und alles erhitzen, aber nicht kochen. Schinken darin ca. 40 Minuten pochieren. Sellerie putzen, vierteln, zufügen und ca. 30 Minuten mitgaren. Vom Herd nehmen und Schinken in der Flüssigkeit abkühlen lassen.

Schinken, Möhren und Zwiebel herausnehmen, auf einen großen Teller legen und im Kühlschrank abkühlen lassen. Sellerie aus dem Topf nehmen und in möglichst dünne Scheiben schneiden.

2 EL Honig, 1 EL Senf und 1 Prise Salz verrühren. Kalten Schinken aus dem Kühlschrank nehmen und mit der Honigmischung bestreichen. Ein großes Stück Frischhaltefolie mit Paniermehl bestreuen und Schinken darin wälzen, bis er überall mit Paniermehl bedeckt ist. Frischhaltefolie um den Schinken wickeln und alles wieder in den Kühlschrank legen.

Für das Walnussdressing restlichen Honig und restlichen Senf in einer Schüssel mischen. Walnussöl und Pflanzenöl zufügen und kräftig verrühren, damit ein schön sämiges Dressing entsteht. Zucker und restlichen Essig zufügen. Schnittlauch waschen, in feine Röllchen schneiden und unter das Dressing heben. Selleriescheiben in das Dressing geben und vorsichtig untermischen.

Schinken aus dem Kühlschrank nehmen und in dünne Scheiben schneiden. Zwiebel von den Gewürznelken befreien und schälen. Zwiebel und Möhren in Streifen schneiden. Schinken und Gemüse auf einer großen Platte anrichten und Dressing darüberträufeln.

Champignonsalat mit Wachteleiern und Spargel

Dieses spanische Rezept, das mir ein Mitarbeiter des gefeierten Küchenchefs Ferran Adrià verraten hat, habe ich mit einer eigenen Note versehen. Auch wenn es faszinierend ist, finde ich das Originalrezept zu kompliziert. Ich habe es ein wenig vereinfacht, aber darauf geachtet, dass die wunderbare Balance der Aromen dennoch erhalten bleibt.

FÜR 4 PERSONEN
2 große Schalotten
2 Knoblauchzehen
200 g Champignons
100 g gemischte Waldpilze
3 EL Pflanzenöl
12 Wachteleier

FÜR DAS TRÜFFELDRESSING
1 kleines Bund frische Petersilie
100 ml Olivenöl
1 TL Sherryessig
2 EL Trüffelöl
1 kräftige Prise Selleriesalz
1/2 TL Senf
Salz

1 Bund Spargel
100 g geriebener Chester (oder alter Gouda)

Schalotten und Knoblauch schälen und fein würfeln. Champignons und Waldpilze putzen und in dünne Scheiben schneiden. Pflanzenöl in einer großen Pfanne erhitzen. Schalotten, Knoblauch und Pilze zugeben und bei mittlerer Temperatur darin goldbraun anbraten. Vom Herd nehmen und Pilzmischung in der Pfanne gar ziehen lassen. Abgekühlte Pilze über einer Schüssel in ein Sieb gießen, Bratensaft auffangen und beiseite stellen.

Pilze auf vier Teller verteilen.

Eier in 2 Minuten und 16 Sekunden weich kochen. Schale der gekochten Eier von allen Seiten etwas eindrücken und Eier einzeln unter fließend kaltem Wasser vorsichtig pellen.

Für das Dressing Petersilie waschen, Blättchen von den Stängeln zupfen und fein hacken. Olivenöl und Pilzflüssigkeit in einem Topf langsam aufkochen. Sherryessig, Trüffelöl, Selleriesalz und Petersilie untermischen. Vom Herd nehmen und Senf unterrühren. Mit Salz abschmecken.

Die Spargelstangen putzen, ggf. schälen, waschen und der Länge nach halbieren. Salzwasser in einem Topf erhitzen und Spargel darin ca. 3 Minuten blanchieren. Abtropfen lassen, dann die noch heißen Spargelstangen unter das Dressing heben.

Spargel mit etwas Dressing über die warmen Pilze geben. 3 Wachteleier auf jeden Teller legen.

Champignonsalat mit etwas geriebenem Chester bestreuen und restliches Dressing darüberträufeln.

Zander mit Limette, Salz und Chilischoten

Ernest Hemingways Erzählung „Der alte Mann und das Meer“ hat mich zu diesem Rezept inspiriert. Auf dem Boot isst der kubanische Fischer Makrele mit Salz und Limette als Snack. In Swanage, einem Dorf im Süden von Dorset, habe ich etwas Ähnliches einmal mit einem selbst geangelten Zander ausprobiert. Im Hochsommer ist das ein herrlich erfrischendes Gericht. Genießen Sie dazu ein Glas gekühlten spritzigen Weißwein.

FÜR 4 PERSONEN
450 g Zanderfilet, küchenfertig
1 große Schalotte
2 frische rote Chilischoten
1/4 TL Chilipulver
Salz
Saft von 2 Limetten
1 kleines Bund frische Petersilie
50 ml Pflanzenöl
50 g Lachskaviar

Zanderfilet mit einem sehr scharfen Messer vorsichtig in möglichst lange, hauchdünne Scheiben schneiden, etwa so wie Räucherlachsscheiben.

Schalotte schälen und in feine Ringe schneiden. Chilischote halbieren, putzen, von den Samen befreien, waschen und fein hacken. In einer Schüssel Schalotte, Chilischote, Chilipulver, etwas Salz und Limettensaft mischen. Ca. 30 Minuten ziehen lassen.

Petersilie waschen, Blättchen von den Stängeln zupfen und grob hacken. Petersilie und Pflanzenöl unter die Zwiebel mischen.

Mischung über die rohen Zanderscheiben verteilen. Auf vier Tellern anrichten und ca. 60 Minuten in den Kühlschrank stellen, damit der Fisch durch die Säure des Limettensafts „gart“.

Zum Servieren mit je 1 TL Lachskaviar garnieren.

Taschenkrebsterrine

Am besten schmeckt diese Terrine, wenn ein lebender Taschenkrebs frisch zubereitet wird (siehe Tipp). Der Krebs sollte ca. 900 g wiegen, um 225 g Krebsfleisch zu erhalten. Ansonsten können Sie natürlich auch fertig ausgelöstes Krebsfleisch oder Krebsfleisch aus der Dose verwenden.

FÜR 4 PERSONEN
100 g Butter
3 Eigelb
225 g weißes und braunes Krebsfleisch
Saft von 1 Limette
30 g Sahne
1 EL frischer Kerbel
1 Prise Cayennepfeffer
1 TL Senf
1 Prise Salz
1 Prise frisch gemahlener schwarzer Pfeffer
mehrere Scheiben Weißbrot

25 g Butter in einem Topf zerlassen, 4 Espressotassen damit innen einfetten und so lange in den Kühlschrank stellen, bis die Butter hart ist.

Eigelbe schaumig schlagen, Krebsfleisch und Limettensaft unterheben.

In einem Topf restliche Butter und Sahne bei niedriger Temperatur erwärmen. Kerbel waschen, Blättchen abzupfen und fein hacken. Krebsmischung, Kerbel und Gewürze unter die Sahne rühren.

Mischung erhitzen, aber nicht kochen, damit die Eigelbe nicht gerinnen. Vom Herd nehmen, abkühlen lassen, in die Espressotassen füllen und kräftig andrücken. Ein paar Stunden, besser aber über Nacht in den Kühlschrank stellen.

Vor dem Servieren die Tassen kurz in siedend heißes Wasser tauchen, damit sich die Terrinen vom Tassenrand ablösen. Jede Terrine auf einen Teller stürzen. Weißbrot toasten und dazu servieren.

Eds Tipp: Salzwasser in einem großen Topf erhitzen. Lebenden Taschenkrebs mit dem Kopf voran eintauchen und ca. 8 Minuten darin kochen. Abgießen und in einem großen Sieb von selbst abkühlen lassen. Panzer, Beine und Scheren aufbrechen und das Fleisch auslösen.

Forellen-Meerrettich-Mousse

Die Kombination von Forelle und Meerrettich ist ein absoluter Klassiker. Dieses Gericht ist eine tolle Vorspeise für jede Party – Sie können es einfach bis zum Servieren in den Kühlschrank stellen und sich in Ruhe um die Zubereitung des Hauptgangs kümmern.

FÜR 4 PERSONEN

- 25 g Butter
- 1 kleine Zwiebel
- 1 Möhre
- 2 Lorbeerblätter
- 1 TL Pfefferkörner
- 1 TL Essig
- 2 Forellenfilets à 300 g (mit Haut)
- 2 Eigelb
- 200 g Sahnefrischkäse
- Saft von 2 Zitronen
- 1 EL Sahnemeerrettich
- Cayennepfeffer
- Salz

FÜR DAS RÄUCHERLACHS-KAPERN-DRESSING

- 200 g Räucherlachs
- 1 TL Kapern
- 1 kleines Bund frischer Dill
- Saft von 1 Zitrone
- 4 Sardellenfilets
- 1 EL Sahne

- 1 Handvoll gemischte Salatblätter
- 4 Scheiben Sauerteigbrot

Backofen auf 180 °C (Gas Stufe 4) vorheizen. Butter in einem Topf langsam zerlassen und 4 kleine Soufléförmchen damit einfetten.

Zwiebel schälen und fein würfeln. Möhre putzen, waschen und fein würfeln. Zwiebel, Möhre, Lorbeerblätter, Pfefferkörner, Essig und 2 l Wasser in einen großen Topf geben, erhitzen, aber nicht kochen und Forellenfilets darin ca. 6 Minuten pochieren. Vom Herd nehmen und abkühlen lassen. Fischfilets häuten.

Eigelbe, Frischkäse und Zitronensaft in einen Mixer geben und kurz pürieren. 1 Forellenfilet zugeben und kurz zu einer cremigen Mousse verarbeiten. Mischung in eine Schüssel füllen. Zweites Fischfilet mit der Gabel in kleine Stückchen zerpflücken und unter die Mousse heben. Mit Meerrettich, je 1 Prise Cayennepfeffer und Salz würzen.

Mousse in die gefetteten Förmchen füllen. Jedes Förmchen in Alufolie wickeln und in eine tiefe Backform stellen. Backform so weit mit Wasser füllen, dass die Förmchen ein Drittel hoch im Wasser stehen. Im Backofen ca. 15 Minuten garen.

Für das Dressing Räucherlachs und Kapern fein hacken. Dill waschen, Blättchen von den Stängeln zupfen und fein hacken. Räucherlachs, Kapern, Dill, Zitronensaft und Sardellenfilets mischen. Sahne und 1 Prise Cayennepfeffer unterrühren.

Forellenmousse aus dem Ofen nehmen und abkühlen lassen. Salat waschen, auf 4 Tellern anrichten und jeweils 1 Mousse darauf stürzen. Etwas Dressing darüberträufeln. Sauerteigbrot toasten und dazu servieren.

Gegrillte Sardinen mit Grünkohl und Ei

Im Südwesten Englands gibt es Sardinen im Überfluss, sodass man sie sogar leicht selbst fangen kann. Sie zählen dort zu den beliebtesten Speisefischen. Servieren Sie dieses Gericht mit getoastetem Sauerteig- oder Maisbrot.

FÜR 4 PERSONEN

8 mittelgroße Sardinen
1 EL Olivenöl

FÜR DAS DRESSING

1 Bund frische Minze
1 rote Zwiebel
2 kleine Schalotten
½ TL körniger Senf
2 EL Rotweinessig

4 Eier
200 g Grünkohl
Salz

Sardinen am Bauch mit einem scharfen Messer aufschlitzen, ausnehmen und unter fließend kaltem Wasser waschen. Sie können natürlich auch Ihren Fischhändler bitten, die Sardinen küchenfertig vorzubereiten.

Sardinen mit dem Bauch nach unten auf ein Schneidebrett legen und flach drücken, um die Mittelgräte zu lockern. Sardinen umdrehen, die Mittelgräte mit der Küchenschere vom Kopf aus abtrennen.

Olivenöl in einer Pfanne bei mittlerer Temperatur erhitzen, Sardinen mit der Haut nach unten hineinlegen und ca. 5 Minuten anbraten. Vom Herd nehmen, Sardinen wenden und in der heißen Pfanne noch ca. 10 Minuten ruhen lassen.

Inzwischen für das Dressing Minze waschen, Blättchen von den Stängeln zupfen und grob hacken. Zwiebel und Schalotten schälen und in dünne Ringe schneiden. Minze und Zwiebelringe mischen, Senf und Rotweinessig unterheben und alles ziehen lassen.

Eier in 4,5 Minuten weich kochen. Grünkohl putzen, waschen und grob schneiden. Salzwasser in einem Topf erhitzen und Grünkohl darin ca. 5 Minuten blanchieren. Abgießen und langsam abkühlen lassen, nicht mit kaltem Wasser abschrecken.

Etwas Dressing unter den Grünkohl mischen und auf 4 Teller verteilen. Sardinen wenden und von den Gräten befreien. Neben dem Grünkohl auf den Tellern anrichten. Auf jeden Teller ein Ei legen und alles mit dem restlichen Dressing beträufeln.

Hummercocktail

FÜR 4 PERSONEN
1 lebender Hummer (ca. 750 g)
Salz
250 ml Trüffelöl
2 Eigelb
1 TL Zitronensaft
4 Tomaten
1 Bund frischer Basilikum
4 EL Olivenöl
½ TL Sherryessig
1 Avocado
1 Bund frischer Schnittlauch
Mayonnaise
4 dünne Scheiben Brot (besonders gut passt Walnussbrot)
Zitronenspalten zum Garnieren

Salzwasser in einem großen Topf erhitzen. Lebenden Hummer mit dem Kopf voran eintauchen und ca. 10 Minuten darin kochen. Herausnehmen, abkühlen lassen und der Länge nach halbieren. Weißes Fleisch aus Scheren und Schwanz lösen. Schwanzfleisch in dünne Scheiben schneiden, Scherenfleisch ganz lassen.

Mit einem Schneebesen Trüffelöl und Eigelbe verquirlen, 1 TL Zitronensaft und 1 Prise Salz zufügen. Tomaten am Stielansatz kreuzweise einschneiden, ca. 10 Sekunden in kochendes Wasser tauchen. Tomaten herausnehmen, in Eiswasser abschrecken und häuten.

Tomaten vierteln, von den Samen befreien und fein hacken. Basilikum waschen, Blättchen von den Stängeln zupfen und fein hacken. Tomaten in eine Schüssel geben, Basilikum, Olivenöl und Sherryessig untermischen.

Avocado schälen, entsteinen und klein würfeln. Avocadowürfel mit dem Hummerfleisch mischen. Schnittlauch waschen und in feine Röllchen schneiden. Zusammen mit etwas Mayonnaise unterheben.

Hummercocktail in Gläser füllen. Trüffelölmischung und Tomatensalsa darüber verteilen. Brot toasten und dazu servieren. Mit Zitronenspalten garnieren.

Schinkenterrine

Genießen Sie diese Schinkenterrine mit Zwiebelmarmelade und getoastetem Landbrot.

FÜR 10 PERSONEN
1 Zwiebel
Gewürznelken
2 Stangen Lauch
2 Möhren
3 Schweinehaxen
1 Lorbeerblatt
½ TL Salz
½ TL frisch gemahlener schwarzer Pfeffer
1 TL Senfpulver
1 Bund frische Petersilie
1 EL Olivenöl

Zwiebel mit Gewürznelken spicken. Lauch in Ringe schneiden und unter fließendem Wasser waschen. Möhre putzen, waschen und in Scheiben schneiden.

Schweinehaxen, Lorbeerblatt, Zwiebel, Lauch, Möhren, Salz, Pfeffer und Senfpulver in eine 3-l-Kasserolle geben und mit 1,2 l Wasser aufgießen. Alles aufkochen und ca. 3 Stunden leise köcheln lassen.

Vom Herd nehmen und abkühlen lassen. Gekochte Gemüse mit dem Schaumlöffel herausheben, auf einen Teller legen und beiseite stellen.

Petersilie waschen, Blättchen von den Stängeln zupfen und fein hacken. Schweinehaxen herausnehmen und in eine große Schüssel legen. Kochflüssigkeit durch ein großes Sieb in einen Topf gießen und bei hoher Temperatur auf ein Viertel reduzieren lassen. Fleisch von den Knochen lösen, in eine Schüssel legen und mit Petersilie bestreuen.

Eine große Terrinenform mit Olivenöl einfetten. Gemüse, Schweinefleisch und reduzierte Kochflüssigkeit in die gefettete Form füllen. Mit Frischhaltefolie abdecken und die Oberfläche mit einem Gewicht beschweren. Mindestens 4 Stunden in den Kühlschrank stellen.

Die Schinkenterrine in Scheiben schneiden und servieren.

FLEISCH &

GEFLÜGEL

Beef Wellington mit Rotweinsauce

Man erzählt sich, dass der berühmte General Wellington während des Kriegs gegen Napoleon die Vorzüge der französischen Küche kennen und schätzen lernte. Um aber seine Soldaten nicht zu demoralisieren, ließ er den zarten französischen Blätterteig mit Rindfleisch kombinieren, dem Lieblingsfleisch der Briten. Ich verwende für dieses Rezept englischen groben Blätterteig, denn ich liebe das Spiel mit Kontrasten, die auf diese Weise noch deutlicher ausgearbeitet werden.

FÜR 4 PERSONEN

Butterschmalz oder Öl
375 g Rinderfilet, küchenfertig
Salz
frisch gemahlener schwarzer Pfeffer
3 große Schalotten
10 Champignons
1 Zweig frischer Thymian
2 Scheiben dunkles Brot
½ Glas Rotwein
Mehl für die Arbeitsfläche
1 Grundrezept englischer grober Blätterteig (siehe Seite 226)
1 TL Senf
1 Ei

FÜR DIE ROTWEINSAUCE

600 ml Rinderfond (siehe Seite 230)
25 g Butter
1 Glas Rotwein

Butterschmalz oder Öl in einer Pfanne erhitzen. Rinderfilet von allen Seiten gut mit Salz und Pfeffer würzen. In die Pfanne legen und auf allen Seiten kurz anbraten. Herausnehmen und beiseite stellen.

Schalotten schälen und fein würfeln. Champignons putzen und hacken. Thymian waschen, Blättchen von den Stängeln zupfen und fein hacken. Schalotten, Champignons und Thymian in der Pfanne mit dem Bratensaft anbraten. Brot zerkrümeln, zufügen und ca. 30 Sekunden aufkochen. Rotwein zufügen und kochen lassen, bis die Mischung andickt. Vom Herd nehmen und abkühlen lassen.

Ein tiefes Backblech leicht einfetten. Auf einer bemehlten Fläche Blätterteig zu einem großen Rechteck ausrollen, das etwa dreimal so breit und eineinhalb mal so lang ist wie das Filet. Mit Senf bestreichen, abgekühlte Champignonmischung darüber verteilen und das Rinderfilet auf das untere Ende des Teigrechtecks setzen. Filet vorsichtig in den Teig einrollen, Teigränder zusammendrücken und umklappen, damit der Bratensaft nicht hinauslaufen kann. Teig mit verquirltem Ei bestreichen und auf das gefettete Backblech setzen. Mindestens 60 Minuten in den Kühlschrank stellen.

Backofen auf 200 °C (Gas Stufe 6) vorheizen.

Filet Wellington ca. 20–30 Minuten im Ofen braten, bis der Blätterteig goldbraun ist.

Inzwischen für die Rotweinsauce den Rinderfond in einem Topf aufkochen und bei hoher Temperatur auf ein Viertel reduzieren lassen. Butter zufügen und mit dem Schneebesen unterrühren. Währenddessen Rotwein in einem zweiten Topf aufkochen und auf ein Viertel reduzieren lassen. Rotwein zum Fond geben und unterrühren.

Filet aus dem Ofen nehmen, in dicke Scheiben schneiden und auf Tellern anrichten. Dazu passt frisches Gemüse der Saison. Mein persönlicher Beilagenfavorit ist gekochter Wirsing mit etwas Butter.

Rindfleisch mit Jimmy-McCurry-Sauce

In Europa verwendet man das Bauchfleisch des Rindes, die sog. Dünnung, zum Kochen und Schmoren. In Amerika gilt es als preisgünstige Alternative zum Steak. Blutig oder rosa gebraten, schmeckt es absolut köstlich. Länger sollten Sie es nicht garen, sonst wird es zäh. Außerdem muss man es nach dem Garen unbedingt eine Weile ruhen lassen.

In Argentinien nennt man die Marinade meines Rezepts „Chimichurry". Dieser ungewöhnliche Name ist wohl abgeleitet von dem irischen Soldaten Jimmy McCurry, der sie im 19. Jahrhundert aus seiner Heimat nach Argentinien mitgebracht hat. Seine Art, Rindfleisch zuzubereiten, war sehr beliebt, und so wurde das Rezept immer weitergegeben. Die spanischsprachige Bevölkerung konnte den Namen des Erfinders Jimmy McCurry jedoch nur schwer aussprechen, und so wurde daraus im Laufe der Zeit Chimichurry.

FÜR 2 PERSONEN

FÜR DIE JIMMY-MCCURRY-SAUCE

1 rote Paprikaschote (ca. 200 g)
Olivenöl
Salz
8 Knoblauchzehen
1 Bund frische Petersilie
4 EL Sherryessig
2 EL Zitronensaft
frisch gemahlener schwarzer Pfeffer

FÜR DIE MARINADE

½ EL frischer Thymian
1 Prise Chiliflocken
½ TL Zucker
1 EL Rotweinessig
abgeriebene Schale und Saft von ½ unbehandelten Limette

2 x 250 g Bauchlappen (Dünnung) vom Rind, küchenfertig
2 Eier
200 ml Milch
1 große Zwiebel
75 g Mehl
Pflanzenöl

Backofen auf 220 °C (Gas Stufe 7) vorheizen.

Für die Jimmy-McCurry-Sauce Paprikaschote halbieren, entkernen, putzen, waschen, mit etwas Olivenöl beträufeln und mit Salz bestreuen. Im Ofen ca. 30–40 Minuten rösten, bis die Haut dunkelbraun ist und Blasen wirft. Paprikaschote herausnehmen, in eine Schüssel legen, mit Frischhaltefolie abdecken und abkühlen lassen. Paprika häuten und Fruchtfleisch grob hacken.

Knoblauch schälen und fein hacken. Petersilie waschen, Blättchen von den Stängeln zupfen und fein hacken. Paprikawürfel, Knoblauch, Petersilie, Essig und Zitronensaft mit 4 EL Olivenöl, 1 TL Salz und ½ TL Pfeffer mischen. In einer Küchenmaschine kurz zerkleinern, aber nicht pürieren. In eine Schüssel füllen und mindestens 2 Stunden ziehen lassen.

Für die Marinade Thymian waschen, Blättchen von den Stängeln zupfen und fein hacken. Thymian, Chiliflocken, Zucker, Rotweinessig, Limettenschale und -saft und 4 EL Olivenöl in einer Schüssel mischen. Steaks hineinlegen und zugedeckt mindestens 2 Stunden im Kühlschrank marinieren.

Eier und Milch in einer Schüssel verquirlen. Zwiebel schälen, in dünne Ringe schneiden und in die Eier-Milch-Mischung geben. Ca. 30 Minuten ziehen lassen, Zwiebel gelegentlich wenden

Mehl in eine große Schüssel sieben, mit Salz und Pfeffer würzen. Eine tiefe Pfanne 2,5 cm hoch mit Pflanzenöl füllen und stark erhitzen. Mit einem Schaumlöffel Zwiebeln aus der Eiermischung heben und im gewürzten Mehl wenden. Portionsweise bei hoher Temperatur goldbraun anbraten, herausheben und auf Küchenkrepp abtropfen lassen.

Rindfleisch aus der Marinade heben. Eine Brat- oder Grillpfanne erhitzen und die Steaks auf beiden Seiten darin jeweils ca. 2–3 Minuten anbraten.

Steaks auf zwei Tellern anrichten, Jimmy-McCurry-Sauce darüber verteilen und gebratene Zwiebeln dazu reichen.

Eds Tipp: Füllen Sie die übrige Jimmy-McCurry-Sauce in ein Glas mit Schraubverschluss, so hält sie sich im Kühlschrank noch mehrere Tage. Das Aroma wird allerdings nach und nach etwas schwächer.

Geschmorte Rinderwade mit grünem Pfeffer

Wichtig ist, dass die Rinderwade sehr langsam gegart wird. Am besten fragen Sie Ihren Metzger nach einer ganzen Rinderwade mit Knochen, die Sie gleich in zwei Teile schneiden lassen. Jedes Stück reicht für mindestens vier Personen. Im Supermarkt wird aus diesem Fleisch meist nur mageres Hackfleisch gewonnen.

FÜR BIS ZU 8 PERSONEN

8 EL Mehl
1 TL geriebene Muskatnuss
¼ TL Zimt
½ TL Selleriesalz
1 TL weißer Pfeffer
1 Rinderwade, in 2 Teile geschnitten, küchenfertig
100 g Butterschmalz
250 ml Madeira
250 ml Rotwein
500 ml Rinderfond (siehe Seite 230)
4 Möhren
1 Sellerieknolle
4 kleine Zwiebeln
100 g Butter
1 kleines Glas eingelegte grüne Pfefferkörner
1 frischer Thymianzweig
4 Lorbeerblätter

Backofen auf 160 °C (Gas Stufe 3) vorheizen.

Einen großen oder zwei kleinere Bräter in den Backofen stellen und heiß werden lassen. Mehl, Muskatnuss, Zimt, Selleriesalz und Pfeffer in einer Schüssel mischen. Rinderwade hineinlegen und mehrmals darin wenden.

Bräter auf den Herd stellen. Butterschmalz in den Bräter geben, erhitzen und Fleisch darin bei mittlerer Temperatur auf allen Seiten kräftig anbraten. Herausnehmen und beiseite stellen.

Madeira und Rotwein in den Bräter geben, aufkochen und auf die Hälfte reduzieren lassen. Mit einem Holzlöffel Bratensatz vom Boden des Bräters lösen. Bratflüssigkeit und Rinderfond in einen Topf geben und das Fett an der Oberfläche abschöpfen.

Möhren putzen, waschen und in Scheiben schneiden. Sellerie putzen, schälen und grob würfeln. Zwiebel schälen und grob würfeln. Bräter wieder auf den Herd stellen. Möhren, Sellerie, Zwiebeln und Butter zugeben, ca. 3–4 Minuten bei mittlerer Temperatur braten. Pfefferkörner abgießen. Thymianzweig waschen. Pfefferkörner, Thymianzweig, Lorbeerblätter und Rinderfond zufügen. Rindfleisch vorsichtig hineinlegen. Alles aufkochen, vom Herd nehmen, Bräter mit Backpapier abdecken und in den Backofen stellen.

Nach ca. 60 Minuten Temperatur auf 150 °C (Gas Stufe 2) reduzieren und Fleisch weitere ca. 2,5 Stunden schmoren. Backofen ausschalten und Fleisch mindestens weitere 30 Minuten im Ofen ruhen lassen.

Bräter aus dem Ofen nehmen und wieder auf den Herd stellen. Fleisch vorsichtig herausheben, Bratensaft dabei in den Bräter abtropfen lassen. Fleisch auf ein Backblech legen. Mit einem Schaumlöffel Gemüse und Kräuter aus dem Bräter heben und auf das Backblech geben. Bratensaft auf ein Drittel reduzieren lassen. Rindfleisch und Gemüse wieder in die Sauce legen und alles zugedeckt noch ca. 10 Minuten erwärmen.

Eds Tipp: Zu diesem Rezept passt ein lockeres Kartoffelpüree. Am besten serviert man dieses Gericht, indem man das Fleisch vom Knochen ablöst, in Streifen schneidet, über den Kartoffelbrei legt und etwas Sauce und Gemüse darüber verteilt.

Rindereintopf mit Käseklößen

Für mich die ultimative Eintopf-Erfahrung! Die Kombination aus geschmorter Rinderbrust und Klößchen mit Blauschimmelkäse und Walnüssen ist sensationell. Dazu passt knuspriges Brot.

FÜR 4 PERSONEN

½ TL Muskatblütenpulver (Macis)
½ TL gemahlener schwarzer Pfeffer
½ TL Salz
2 EL Mehl
1 kg Rinderbrust, küchenfertig
3 EL Butterschmalz oder Pflanzenöl
100 g Butter
2 mittelgroße Zwiebeln
4 mittelgroße Möhren
200 g braune Champignons
6 Knoblauchzehen (am besten geräucherten Knoblauch, falls erhältlich)
1 Bund frische krausblättrige Petersilie
400 ml Ale (oder Altbier)
2 l Rinderfond (siehe Seite 230)
2 Lorbeerblätter

FÜR DIE KLÖSSCHEN

125 g Schweineschmalz
150 g Stilton (oder anderer Blauschimmelkäse)
250 g Mehl
½ Päckchen Backpulver
Salz
50 g gemahlene Walnüsse

Muskatblütenpulver, Pfeffer, Salz und Mehl in einer Schüssel mischen. Rinderbrust in nicht zu kleine Würfel schneiden, hineinlegen und mehrmals drin wenden. Mehlmischung beiseite stellen.

Butterschmalz oder Pflanzenöl und 50 g Butter in einem großen Topf erhitzen. Fleisch darin bei mittlerer Temperatur auf allen Seiten anbraten. Herausnehmen, auf einen Teller legen und abkühlen lassen.

Zwiebeln schälen. Möhren putzen und waschen. Beides in ca. 1 cm große Würfel schneiden. Champignons putzen und vierteln. Knoblauch zerdrücken. Restliche Butter im Topf erhitzen, Zwiebeln, Möhren, Pilze und Knoblauch darin bei mittlerer Temperatur unter ständigem Rühren ca. 3 Minuten langsam anbraten.

Petersilie waschen, Blättchen von den Stängeln zupfen und fein hacken. Die Hälfte der Petersilie unter die Mehlmischung heben, zum Gemüse geben und ca. 2 Minuten mitbraten. Ale zugeben und alles aufkochen. Rinderfond und Lorbeerblätter zufügen. Mit einem Holzlöffel den Bratensatz vom Topfboden ablösen und die Temperatur auf die niedrigste Stufe reduzieren. Fleisch hineinlegen und alles ca. 50 Minuten leise köcheln lassen.

Für die Klößchen Schweineschmalz würfeln und Stilton zerkrümeln. Mehl in eine große Schüssel sieben, Schweineschmalz, Stilton, Backpulver, restliche Petersilie, 1 Prise Salz und Walnüsse zufügen. Alles mit den Fingerspitzen rasch zu einem Teig verkneten (benutzen Sie wirklich nur die Fingerspitzen, sonst wird der Teig glitschig). Aus dem Teig kleine Klößchen formen und auf einen mit Backpapier ausgelegten Teller legen. Klößchen mit einem Schaumlöffel in den Topf geben und ca. 40 Minuten mitkochen. Rindereintopf und Käseklößchen in tiefen Tellern servieren.

Eds Tipp: Die Klößchen werden nur dann leicht und locker, wenn der Eintopf nicht kocht. Es ist sehr wichtig, dass die Klößchen erst direkt vor dem Garen zubereitet werden.

Hochrippensteaks mit Kartoffeln im R&A-Stil

R&A steht für Randall & Aubin, mein Restaurant in London. Wenn ich während einer anstrengenden Schicht plötzlich vor Hunger fast umfalle, bereite ich mir oft selbst dieses Gericht zu. Einfach köstlich.

FÜR 2 PERSONEN
4 frische Rosmarinzweige
1 Dose Sardellenfilets, abgegossen
100 g weiche Butter
abgeriebene Schale und Saft von 1 unbehandelten Zitrone
4 große Champignons, geputzt
2 Knoblauchzehen, geschält
½ TL Zucker
Salz, frisch gemahlener schwarzer Pfeffer
3 mittelgroße festkochende Kartoffeln, geschält
½ TL Chilipulver
1 TL kalte Butter
Olivenöl
2 Schalotten, geschält
2 Hochrippensteaks (à ca. 275 g)
1 TL Selleriesalz

Rosmarin waschen, Blättchen abzupfen und fein hacken. Sardellen und Rosmarin pürieren. Weiche Butter und die Hälfte Zitronenschale und -saft zugeben. Alles zu einer cremigen Paste verarbeiten.

Champignons in Scheiben schneiden. Knoblauch zerdrücken. Sardellenbutter in einer Pfanne erhitzen, Champignons und Knoblauch darin ca. 15 Minuten anbraten. Restlichen Zitronensaft und Zucker zufügen und mit Salz und Pfeffer abschmecken.

Kartoffeln in 5 cm große Würfel schneiden, in Salzwasser ca. 6 Minuten kochen, abgießen und abkühlen lassen. Mit 1 Prise Salz und Chilipulver würzen.

Etwas Butter und Olivenöl in einer Pfanne erhitzen. Kartoffelwürfel darin bei mittlerer Temperatur goldgelb anbraten. Schalotten in dünne Ringe schneiden. Zu den Kartoffeln geben, weich braten und alles auf Küchenkrepp abtropfen lassen.

Eine Grillpfanne erhitzen. Steaks jeweils mit 1 TL Olivenöl einstreichen und mit Selleriesalz bestreuen. Nach Belieben braten. Steaks zusammen mit Kartoffeln und den Pilzen auf 2 Tellern anrichten.

Sanft geschmorte Kalbshaxe

FÜR 6 PERSONEN
Mehl
Salz, Pfeffer
3 kg Kalbshaxe, küchenfertig
Olivenöl
2 Möhren
1 Zwiebel
1 rote Paprikaschote
4 Stangen Sellerie
2 frische rote Chilischoten
6 Knoblauchzehen
100 g Butter
10 Sardellenfilets
2 Dosen Pizzatomaten (à 400 g)
1 Flasche trockener Weißwein
1 Bund frische Petersilie
1 Bund frischer Thymian
abgeriebene Schale und Saft von 1 unbehandelten Zitrone

Backofen auf 150 °C (Gas Stufe 2) vorheizen.

Mehl, Salz und Pfeffer in einer Schüssel mischen. Kalbshaxe darin mehrmals wenden.

50 ml Olivenöl in einer großen, tiefen Pfanne erhitzen und Kalbshaxe darin goldbraun anbraten. Herausnehmen und beiseite stellen.

Möhren putzen, waschen und fein würfeln. Zwiebel schälen und in dünne Ringe schneiden. Paprikaschote und Sellerie putzen, waschen und fein würfeln. Chilischote halbieren, putzen, entkernen, waschen und fein hacken. Knoblauch schälen und fein hacken. Butter in der Pfanne zerlassen, 4 EL Olivenöl zufügen und Gemüse, Chili und Knoblauch darin anbraten. Sardellen zugeben und ca. 1 Minute mitbraten. Pizzatomaten und Wein zugeben. Kräuter waschen, Blättchen abzupfen, fein hacken, unter das Gemüse heben und alles noch ein paar Minuten kochen.

Kalbshaxe in einen tiefen Bräter legen, Sauce darübergeben, Zitronenschale und -saft zufügen und den Bräter mit Alufolie abdecken. Kalbshaxe im Backofen ca. 60 Minuten schmoren, die Temperatur auf 120 °C (Gast Stufe ½) reduzieren und weitere ca. 2 Stunden schmoren.

Aus dem Ofen nehmen und mit der Sauce anrichten.

Rippenbraten mit Yorkshire-Pudding

FÜR 4 PERSONEN
500 g festkochende Kartoffeln
Salz
150 g Gänseschmalz
Pflanzenöl
1 Bund frischer Thymian
2 Stangen Sellerie
3 rote Zwiebeln
1 Rippenbraten (mit 2 Rippen), küchenfertig
frisch gemahlener schwarzer Pfeffer

FÜR DIE MEERRETTICHSAUCE
15 g frischer Meerrettich
1 EL Weißweinessig
150 ml Crème double
1 Prise Zucker
1 Prise Senfpulver
1 Spritzer Zitronensaft

FÜR DEN YORKSHIRE-PUDDING
4 Eier
150 ml Milch
250 g Mehl
50 g Butterschmalz oder 4 EL Pflanzenöl

750 ml Rinderfond (siehe Seite 230)

Backofen auf 220 °C (Gas Stufe 7) vorheizen.

Kartoffeln schälen und in Würfel schneiden. Salzwasser in einem Topf erhitzen und Kartoffeln darin ca. 10 Minuten weich kochen, abgießen. Gänseschmalz auf ein Backblech geben und zum Vorwärmen in den Backofen schieben.

Einen Bräter mit Pflanzenöl einfetten und ebenfalls im Backofen vorwärmen. Thymian waschen und Blättchen von den Stängeln zupfen. Sellerie putzen und in Scheiben schneiden. Zwiebel schälen und fein würfeln. Rippenbraten rundherum mit schwarzem Pfeffer würzen. Bräter aus dem Ofen nehmen, auf den Herd stellen, erhitzen und Rippenbraten darin kurz von allen Seiten anbraten. Das Fleisch mit Thymianblättchen und Senfpulver bestreuen. Braten mit der Fettseite nach oben drehen, Sellerie und Zwiebel zugeben.

Backblech mit dem heißen Gänseschmalz aus dem Ofen nehmen, Kartoffeln darauf verteilen und mit dem heißen Gänsefett beträufeln. Kräftig mit Salz würzen.

Kartoffelblech auf der untersten Stufe und Bräter mit dem Fleisch auf der obersten Stufe in den Ofen schieben und alles ca. 10 Minuten braten. Temperatur auf 180 °C (Gas Stufe 4) reduzieren und alles noch ca. 30 Minuten weiterbraten.

Inzwischen für die Meerrettichsauce Meerrettich schälen und fein reiben. Meerrettich und Essig in einer Schüssel verrühren. Crème double, Zucker, Senfpulver und Zitronensaft zugeben. Sauce mit Salz und Pfeffer abschmecken.

Für den Yorkshire-Pudding Eier, Milch und 150 ml kaltes Wasser in einer Schüssel verrühren und ca. 15 Minuten ruhen lassen. Mehl in die Mischung sieben und gut unterrühren. Mit Salz und Pfeffer würzen.

8 Vertiefungen einer Muffinform mit Butterschmalz oder Pflanzenöl einfetten und ca. 5 Minuten im Backofen vorwärmen. Sobald das Fett erhitzt ist, Vertiefungen bis zur Hälfte mit Puddingteig füllen und ca. 20 Minuten im Ofen backen.

Rippenbraten aus dem Ofen nehmen, mit Alufolie bedecken und ca. 20 Minuten ruhen lassen. Kartoffeln im Ofen lassen.

Gemüse aus dem Bräter heben, beiseite stellen und Fett abschöpfen. Bräter auf den Herd stellen, Rinderfond und Gemüse zugeben und alles bei hoher Temperatur auf die Hälfte reduzieren lassen. Bratensauce durch ein Sieb in eine Schüssel passieren.

Fleisch in Scheiben schneiden und auf 4 Tellern anrichten. Kartoffeln und Yorkshire-Pudding aus dem Ofen nehmen und auf die Teller verteilen. Die Bratensauce über das Fleisch träufeln und Meerrettichsauce dazu servieren.

Eds Tipp: Meine Empfehlung dazu ist gekochtes Gemüse der Saison.

Rinderfiletbraten mit Pflaumensauce

Die Zutaten für dieses Rezept sind nicht ganz billig, daher ist es also eher etwas für eine besondere Gelegenheit oder für ein heißes Buffet. Ketjap Manis, eine süße Sojasauce, gibt es inzwischen in jedem größeren Supermarkt und natürlich im Asialaden.

FÜR 4 PERSONEN

FÜR DIE MARINADE

4 Knoblauchzehen
1 EL helle Sojasauce
1 EL Ketjap Manis
1 EL Reiswein
1 TL Szechuanpfeffer

1,2 kg Rinderfilet, küchenfertig
20 neue Kartoffeln
Salz
Olivenöl
1 EL Sojasauce
Saft von 1 Limette
400 g grüne Bohnen
4 Pflaumen

Für die Marinade Knoblauch schälen und fein hacken. Knoblauch, Sojasauce, Ketjap Manis, Reiswein und ½ TL Szechuanpfeffer in einer großen Schüssel mischen. Rinderfilet hineinlegen und mindestens 60 Minuten im Kühlschrank marinieren.

Backofen auf 200 °C (Gas Stufe 6) vorheizen. Ein Backblech mit Alufolie auslegen.

Kartoffeln schälen und halbieren. Salzwasser in einem Topf erhitzen und Kartoffeln darin ca. 6 Minuten kochen. 2 EL Olivenöl und restlichen Szechuanpfeffer in einer Schüssel mischen. Kartoffeln abgießen, in der Pfeffer-Öl-Mischung wenden und in einer Pfanne ca. 20 Minuten knusprig braten. Kartoffeln herausnehmen, in Sojasauce wenden und weitere ca. 5 Minuten braten, bis sie karamellisiert sind. Ein paar Spritzer Limettensaft über die Kartoffeln geben.

Inzwischen in einer Pfanne 1 EL Olivenöl erhitzen. Rinderfilet aus der Marinade nehmen und in der Pfanne von allen Seiten anbraten.

Rinderfilet auf das Backblech legen, mit restlicher Marinade übergießen und mit Alufolie bedecken. Ca. 8 Minuten im Ofen braten, Alufolie abnehmen und Filet weitere ca. 3 Minuten braten.

Grüne Bohnen putzen. Salzwasser in einem Topf erhitzen und Bohnen darin bissfest kochen, abgießen.

Rinderfilet aus dem Ofen nehmen und mindestens 20 Minuten ruhen lassen. Bratensaft in eine Pfanne gießen. Pflaumen waschen, halbieren und entsteinen. Zum Bratensaft geben und alles ca. 5 Minuten leicht köcheln lassen, bis die Pflaumen weich sind.

Rinderfilet in dicke Scheiben schneiden und auf einer Servierplatte anrichten. Die Pflaumensauce darüberträufeln. Kartoffeln und Bohnen dazu servieren.

Pökelschinken mit Colcannon und Senfsauce

Colcannon ist ein traditionelles Kohlgericht, das außerhalb Irlands allerdings wenig bekannt ist. Schmeckt aber einfach köstlich!

FÜR 4 PERSONEN

1 kg Pökelschinken
1 Wirsing
1 Bund frische Petersilie
3 Knoblauchzehen
1 Zwiebel
Salz
3 Lorbeerblätter
1 TL schwarze Pfefferkörner
1 TL Senfpulver
1 TL Rotweinessig
500 g mehlig kochende Kartoffeln
1 Bund Frühlingszwiebeln
125 g Butter
1 TL Pflanzenöl
100 ml Milch
1 Prise geriebene Muskatnuss
frisch gemahlener schwarzer Pfeffer
50 g Mehl
200 ml halbtrockener Cidre
1 EL körniger Senf
200 g Sahne

Schinken ca. 5 Minuten unter fließend kaltem Wasser abspülen. Wirsing putzen und waschen. Äußere Blätter in feine Streifen, innere Blätter in etwas breitere Streifen schneiden. Petersilie waschen, einige Stängel für die Sauce beiseite legen. Knoblauch und Zwiebel schälen. Zwiebel vierteln. 1,5 l Salzwasser in einem großen Topf erhitzen, äußere Wirsingblätter, Petersilie, Knoblauch, Zwiebel, 2 Lorbeerblätter, Pfefferkörner, Senfpulver und Essig zugeben. Alles aufkochen und Schinken hineinlegen. Temperatur reduzieren und alles zugedeckt ca. 2 Stunden leise köcheln lassen.

Nach 60 Minuten Kartoffeln schälen und vierteln. Salzwasser in einem Topf erhitzen und Kartoffeln darin weich kochen. Abgießen und zu Püree zerstampfen.

Frühlingszwiebeln schälen und in feine Ringe schneiden. 50 g Butter und Pflanzenöl in einem Topf erhitzen, innere Wirsingblätter darin weich dünsten. Nach ca. 3–4 Minuten Frühlingszwiebeln und Milch zugeben. Mit Muskatnuss, Salz und Pfeffer würzen. Alles aufkochen und ca. 5 Minuten leise köcheln lassen. Vom Herd nehmen.

Wirsingmischung langsam unter den Kartoffelbrei heben und gut verrühren, damit sich keine Klümpchen bilden.

Für die Senfsauce restliche Butter in einem Topf zerlassen. Mehl einsieben und unter ständigem Rühren anschwitzen, bis es Farbe nimmt. Vom Herd nehmen.

Gegarten Schinken über einem Sieb in eine Schüssel abtropfen lassen. Kochflüssigkeit auffangen. Mehlschwitze wieder auf den Herd stellen und erhitzen. Cidre und 1 l Kochflüssigkeit mit dem Schneebesen langsam einrühren. Restliches Lorbeerblatt zugeben und Sauce bei niedriger Temperatur ca. 15 Minuten leise köcheln lassen.

Restliche Petersilie fein hacken. In die Sauce geben, mit Salz und Pfeffer kräftig abschmecken. Senf und 100 g Sahne unterrühren. Bei niedriger Temperatur warm halten.

Wirsing-Kartoffel-Gemüse langsam erwärmen. Restliche Sahne unterheben, mit Salz, Pfeffer und Muskatnuss abschmecken.

Colcannon auf vier Teller verteilen. Schinken in 1 cm dicke Scheiben schneiden und auf dem Colcannon anrichten. Etwas Sauce darüberträufeln.

Schweinerollbraten mit knuspriger Kruste

Dieses Rezept war 2007 das Siegerrezept bei der Fernsehsendung *Britain's Best Dish („Das beste Rezept Großbritanniens")*. Es basiert auf dem italienischen Gericht Porchetta. Ich habe es ein wenig abgewandelt, denn wie jeder Koch verleihe ich meinen Rezepten gern eine persönliche Note. Ich muss dennoch sagen, dass John Kennys Version sehr außergewöhnlich war – er hat den Sieg wirklich verdient.

Nachdem er den Wettbewerb (und damit einen Haufen Geld) gewonnen hatte, fragte ich ihn, was er denn damit anfangen würde. Er sah mich völlig erstaunt an und sagte: „Schweine züchten, natürlich." Er ist ein toller, absolut integrer Farmer.

FÜR 6–8 PERSONEN
1,8 kg Schweinebauch, küchenfertig
1 Bund frischer Rosmarin
1 Bund frischer Salbei
4 Knoblauchzehen

FÜR DIE SAUCE
1 Schalotte
300 ml Cidre
1 l Hühnerfond (siehe Seite 230)
1 TL Tomatenmark

FÜR DIE GEBRATENEN ÄPFEL
2 Cox-Orange-Äpfel
2 TL Butter
1 EL brauner Zucker
½ TL Zimtpulver

1,3 kg mehlig kochende Kartoffeln
Salz
Butter, nach Belieben
50 ml Milch
frisch gemahlener schwarzer Pfeffer
1 Frühkohl oder Wirsing

Backofen auf 220 °C (Gas Stufe 7) vorheizen.

Fett von der Innenseite des Schweinebauchs möglichst vollständig entfernen. Rosmarin und Salbei waschen, Blättchen von den Stängeln zupfen und fein hacken. Knoblauch schälen und hacken. Kräuter und Knoblauch auf dem Fleisch verteilen. Schweinebauch aufrollen und mit Küchengarn zusammenbinden. Etwas Wasser auf ein Backblech gießen und auf die unterste Schiene in den Backofen schieben. Braten auf einen Grillrost legen und ca. 20–30 Minuten im Ofen braten, bis er außen knusprig wird. Temperatur auf 150 °C (Gas Stufe 2) reduzieren und Rollbraten noch ca. 2 Stunden weitergaren.

Für die Sauce die Schalotte schälen. Zusammen mit dem Cidre in einen Topf geben und ca. 15 Minuten kochen, bis die Flüssigkeit auf die Hälfte reduziert ist. Hühnerfond in einem Topf erwärmen, Tomatenmark zufügen und alles ca. 2 Stunden leise köcheln lassen.

Für die Bratäpfel Äpfel waschen, halbieren und vom Kerngehäuse befreien. Äpfel mit der Schnittfläche nach unten in eine Pfanne legen. Butter und Zucker zugeben und alles braten, bis die Äpfel zu karamellisieren beginnen. Äpfel aus der Pfanne nehmen und mit der Schnittfläche nach oben in eine feuerfeste Form legen. Mit Zimt bestreuen und im Ofen (zusammen mit dem Rollbraten) ca. 10–15 Minuten braten.

Kartoffeln schälen und in Würfel schneiden. Salzwasser in einem Topf erhitzen und Kartoffeln darin weich garen. Abgießen und zu Püree zerstampfen. So lange Butter und Milch zufügen, bis die gewünschte Konsistenz erreicht ist. Mit Salz und Pfeffer abschmecken.

Kohl putzen, waschen und in Streifen schneiden. Salzwasser in einem Topf erhitzen und Kohl darin ca. 10 Minuten garen. Abgießen.

Rollbraten aus dem Backofen nehmen und mindestens 20 Minuten ruhen lassen. Fleisch in Scheiben schneiden und auf Tellern anrichten. Kartoffelpüree und Bratäpfel dazu servieren. Sauce darüberträufeln.

Karibische Schweinekoteletts

FÜR 4 PERSONEN

FÜR DIE KARIBISCHE GEWÜRZMISCHUNG

2 Prisen Salz
2 Prisen Pfeffer
½ TL Knoblauchpulver
½ TL Chilipulver
½ TL Korianderpulver
½ TL Kreuzkümmelpulver
½ TL Chiliflocken
½ TL Zucker
½ TL getrocknete Zwiebelflocken oder Zwiebelgranulat
½ TL italienische Kräutermischung
½ TL geriebene Muskatnuss
4 EL Mehl

4 Schweinekoteletts, küchenfertig
1 EL Guavengelee
3 EL Rum
400 ml Hühnerfond (siehe Seite 230)
1 Zwiebel
4 Knoblauchzehen
1 rote Chilischote
Pflanzenöl
1 Dose Kidneybohnen (400 g)
2 Tassen Reis
1 Bund Frühlingszwiebeln
4 EL Kokosraspel
Saft von 1 Limette
Apfelmus

Backofen auf 180 °C (Gas Stufe 4) vorheizen.

Alle Zutaten für die karibische Gewürzmischung in einer Schüssel mischen. 15 g Gewürzmischung abwiegen (oder ein halbes Glas jamaikanisches Jerk Seasoning Mix verwenden). Schwarte der Schweinekoteletts mehrmals einschneiden und Fleisch mit der Gewürzmischung einreiben.

Ein Backblech leicht fetten. Koteletts darauflegen und ca. 25–30 Minuten im Backofen braten.

Für die Guavensauce Guavengelee, Rum und 200 ml Hühnerfond in einen kleinen Topf geben. Bei niedriger Temperatur unter Rühren erwärmen, bis sich das Gelee aufgelöst hat. Topf vom Herd nehmen.

Zwiebel und Knoblauch schälen. Zwiebel würfeln, 2 Knoblauchzehen fein hacken. Chilischote halbieren, putzen, der Länge nach halbieren und von den Samen befreien, waschen. Öl in einem Topf erhitzen, Zwiebel, Chilischote und Knoblauch darin weich braten. Bohnen und restlichen Hühnerfond zufügen und alles ca. 20 Minuten leise köcheln lassen.

Reis und 4 Tassen Wasser in einen Topf geben. Bei niedriger Temperatur kochen, bis der Reis das gesamte Wasser aufgesaugt hat. Frühlingszwiebeln putzen, waschen und in Ringe schneiden. Reis, Frühlingszwiebeln, Kokosraspeln und Limettensaft unter die Bohnen mischen.

Schweinekoteletts aus dem Backofen nehmen, auf einen Teller legen und ruhen lassen. Bratensaft aus dem Backblech über den Reis gießen und gut mischen.

Bohnenreis auf eine Servierplatte geben. Koteletts in Scheiben schneiden und auf dem Bohnenreis anrichten, mit Guavensauce beträufeln. Etwas Apfelmus dazu servieren.

Schweinenackenbraten auf chinesische Art

FÜR 4 PERSONEN
FÜR DIE MARINADE
100 g frischer Ingwer, geschält
10 Knoblauchzehen, geschält
3 EL Zucker
2 EL chinesischer Essig oder Malzessig
200 ml trockener Sherry
200 ml Hoisinsauce
200 ml chinesische Barbecuesauce oder Pflaumensauce
1 TL Sesamöl

1 kg Schweinenacken (in 5 cm dicke Scheiben geschnitten), küchenfertig
4 Pak-Choi (oder Chinakohl)
Erdnussöl
Saft von ½ Zitrone
1 EL Sojasauce
1 Frühlingszwiebel, in Ringen

Ingwer und Knoblauch fein würfeln und mit den restlichen Zutaten für die Marinade in einer großen Schüssel mischen. Schweinenacken darin von allen Seiten wenden. Zugedeckt über Nacht im Kühlschrank marinieren.

Backofen auf 190 °C (Gas Stufe 5) vorheizen. Fleisch aus der Marinade nehmen. Ein Backblech mit Wasser auf der untersten Schiene in den Backofen schieben. Schweinenacken auf einem Grillrost ca. 15 Minuten im Ofen braten. Fleisch wenden, mit Marinade einstreichen und weitere ca. 15 Minuten braten. Erneut mit Marinade einstreichen. Temperatur auf 220 °C (Gas Stufe 7) erhöhen und Fleisch noch ca. 10 Minuten braten. Herausnehmen und ca. 10 Minuten ruhen lassen.

Inzwischen den Pak-Choi putzen und waschen. Erdnussöl in einem Topf erhitzen und den Kohl darin weich braten. 100 ml Wasser, Zitronensaft und Sojasauce zufügen.

Fleisch in 1 cm dicke Scheiben schneiden, mit dem Pak-Choi und den Frühlingszwiebeln auf Tellern anrichten. Dazu passen chinesische Reisnudeln.

Hausgemachte Würstchen

FÜR 8 PERSONEN

2 kg mageres Schweinefleisch, (z. B. Schweineschulter) oder Schweinehackfleisch
1 EL Meersalz
1 EL schwarze Pfefferkörner
1 Bund frische Petersilie
1 Bund frischer Salbei
½ EL frischer Zitronenthymian
½ EL frischer Oregano
8 frische Pflaumen
½ EL geriebene Muskatnuss
200 g frisches Paniermehl
150 ml Rotwein
ca. 90 cm Naturdarm

Schweinefleisch in große Würfel schneiden und einmal durch den Fleischwolf drehen. Pfefferkörner im Mörser zermahlen. Hackfleisch mit Salz und Pfeffer würzen.

Petersilie, Salbei, Zitronenthymian und Oregano waschen, Blättchen von den Stängeln zupfen und fein hacken. Pflaumen schälen, entsteinen und in einer Küchenmaschine pürieren. Petersilie, Salbei, Zitronenthymian, Oregano, Pflaumen und Muskatnuss unter das Hackfleisch heben. Masse mit den Händen kräftig kneten. Paniermehl und Wein zufügen und alles noch einmal gut mischen. Wurstmasse zugedeckt ca. 60 Minuten im Kühlschrank ruhen lassen.

Masse noch einmal auf der kleinsten Stufe durch den Fleischwolf drehen.

Naturdarm unter kaltem Wasser abspülen und in kaltem Wasser einweichen. Falls Sie eine Wurstmaschine besitzen, Naturdarm an der Öffnung aufsetzen, offenes Ende mit einer Klammer verschließen und Wurstmasse in die Maschine füllen.

Wenn Sie die Würste mit der Hand füllen, Wurstmasse in eine große Spritztüte füllen. Naturdarm am hinteren Ende verknoten und Wurstmasse möglichst gleichmäßig einfüllen (siehe Bilder Seite 96).

Naturdarm im Abstand von 10–15 cm zusammendrehen und Würste vor dem Kochen mindestens 60 Minuten im Kühlschrank ruhen lassen.

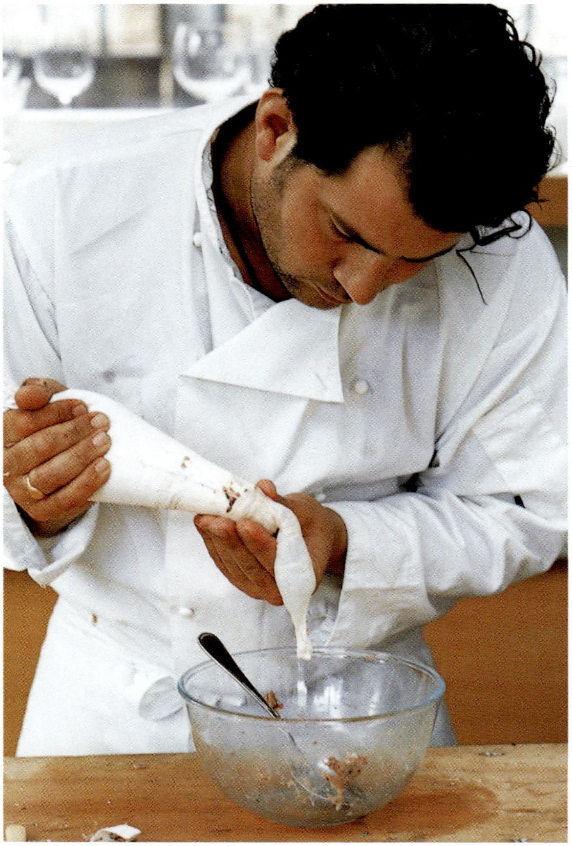

Lammschulterbraten und Kartoffeln mit Ziegenkäse und Spinat

FÜR 3-4 PERSONEN

FÜR DIE MARINADE
3 Knoblauchzehen
1 frische rote Chilischote
10 Sardellenfilets
10 frische Thymianzweige
1 EL Tomatenmark
1 EL Paprikapulver
abgeriebene Schale und Saft von 1 unbehandelten Zitrone
1 TL Zucker
60 ml Olivenöl

1 Lammschulter, küchenfertig
1 kg festkochende Kartoffeln
Salz
1 EL Cayennepfeffer
1 EL Hartweizenmehl
1 EL Knoblauchsalz
60 ml Olivenöl
500 g Spinat
Pflanzenöl
400 g Ziegenkäse

FÜR DAS DRESSING
1 große Schalotte
1 Bund frische Minze
1 EL Rotweinessig
1 EL Dijonsenf

Für die Marinade Knoblauch schälen und zerdrücken. Chilischote halbieren, putzen, von den Samen befreien, waschen und fein hacken. Sardellenfilets fein hacken. Thymian waschen, Blättchen von den Stängeln zupfen und fein hacken. Alle Zutaten für die Marinade in einer Schüssel mischen.

Lammschulter entbeinen und in drei Stücke schneiden. Fleisch in die Marinade legen und mehrmals darin wenden, bis es von allen Seiten vollständig bedeckt ist. Im Kühlschrank mindestens 2 Stunden, besser über Nacht, marinieren.

Backofen auf 180 °C (Gas Stufe 4) vorheizen.

Fleisch aus der Marinade nehmen. Eine Pfanne erhitzen und Lammschulter darin von allen Seiten anbraten. Lammschulter aus der Pfanne nehmen, in einen Bräter legen und ca. 55 Minuten im Backofen braten.

Kartoffeln schälen und in große Würfel schneiden. Salzwasser in einem Topf erhitzen und Kartoffeln darin ca. 7 Minuten bissfest kochen. Abgießen und abkühlen lassen. Cayennepfeffer, 1 Prise Salz, Hartweizenmehl und Knoblauchsalz in einer Schüssel mischen. Kartoffeln gleichmäßig mit der trockenen Marinade bedecken und mit etwas Olivenöl beträufeln.

Backofentemperatur auf 160 °C (Gas Stufe 3) reduzieren. Lammschulter mit restlicher Marinade begießen und weitere ca. 40 Minuten im Backofen braten. Kartoffeln zum Fleisch in den Backofen schieben.

Spinat putzen und waschen. Etwas Pflanzenöl in einer Pfanne erhitzen, Spinat zugeben und kurz dünsten, bis er zusammenfällt. Spinat über einem Sieb abtropfen lassen und grob hacken. Ziegenkäse in einer Schüssel zerkrümeln. Ziegenkäse, Kartoffeln und Spinat mischen.

Schalotte schälen und fein würfeln. Minze waschen, Blättchen von den Stängeln zupfen und fein hacken. Alle Zutaten für das Dressing in einer Schüssel verrühren. Lamm und Kartoffeln aus dem Ofen nehmen, auf Tellern anrichten und Dressing dazu reichen.

Lammkarree mit Kräuter-Senf-Kruste

FÜR 4 PERSONEN
2 Möhren
50 g Steckrüben
150 g neue Kartoffeln
50 g Linsen
6 TL Butter
1 EL Zucker
1 Lammkarree, küchenfertig
2 EL Olivenöl
5 frische Rosmarinzweige
50 g Paniermehl
Salz
frisch gemahlener schwarzer Pfeffer
2 EL Dijonsenf

FÜR DIE BRATENSAUCE
1 Zwiebel
1 Knoblauchzehe
1 Glas Rotwein
500 ml Lammfond oder Gemüsebrühe (siehe Seite 231)

1 Bund frische Minze
3 EL Rotweinessig

Backofen auf 180 °C (Gas Stufe 4) vorheizen.

Möhren und Steckrüben putzen und waschen. Kartoffeln schälen. Alles in Würfel schneiden und Gemüseschalen beiseite stellen. Gemüsewürfel und Linsen in einen Topf geben, mit Wasser bedecken. 2 TL Butter und Zucker zufügen, aufkochen und weiterkochen, bis die gesamte Flüssigkeit verdampft ist.

Lammkarree halbieren und vom Fett befreien. Olivenöl in einer Pfanne erhitzen und Fleisch darin von allen Seiten scharf anbraten. Rosmarin waschen, Blättchen von den Stängeln zupfen und fein hacken. Stängel beiseite stellen. Rosmarinblättchen und Paniermehl in einer Schüssel mischen, mit Salz und Pfeffer würzen. Lammkarree aus der Pfanne nehmen, mit Senf bestreichen und mehrmals im gewürzten Paniermehl wenden. Fleisch in einen Bräter legen und ca. 25 Minuten im Backofen braten.

Für die Bratensauce Zwiebel und Knoblauch schälen und fein würfeln. Schalen beiseite stellen. 2 TL Butter in einer Pfanne zerlassen, Zwiebel, Knoblauch und Gemüsereste darin weich braten.

Lammkarree aus dem Ofen nehmen, mit Alufolie bedecken und ruhen lassen.

Fett aus dem Bräter abgießen oder abschöpfen. Bräter bei niedrigster Temperatur auf den Herd stellen. Zwiebelmischung, Rotwein und Rosmarinstängel zugeben und Bratensatz mit einem Holzlöffel vom Boden des Bräters lösen. Gut umrühren und Sauce in einen Topf umfüllen. Lammfond oder Gemüsebrühe angießen und alles bei hoher Temperatur auf ein Viertel reduzieren lassen.

Minze waschen, Blättchen von den Stängeln zupfen und fein hacken. Minze, 1 TL Butter und Rotweinessig unter das Gemüse heben. Fleisch aus dem Backofen nehmen, in Scheiben schneiden und auf Tellern anrichten. 1 TL Butter in die Bratensauce geben, durch ein Sieb abgießen und über das Lammkarree träufeln. Dazu Gemüse reichen.

Lammfilets mit Oliven, Kapern und Tomaten

Dazu passen hervorragend Ofenkartoffeln und frisches Gemüse.

FÜR 4 PERSONEN
1 kg Lammrückenfilets, küchenfertig
2 frische Rosmarinzweige
4 TL Olivenöl
20 Scheiben Pfeffersalami
3 EL Rotweinessig
1 TL Zucker
2 EL Kapern
100 ml Hühnerfond oder Gemüsebrühe (siehe Seite 230–231)
150 g entsteinte schwarze Oliven
1 Dose Pizzatomaten (400 g)

FÜR DAS JOGHURTDRESSING
1 Bund frische Minze
3 Knoblauchzehen
½ Salatgurke, geschält
250 g Joghurt
Salz
frisch gemahlener schwarzer Pfeffer

Lammfilet in ca. 2,5 cm große Würfel schneiden. Rosmarin waschen. Olivenöl in einem großen Topf stark erhitzen und Fleisch darin von allen Seiten scharf anbraten. Salami zufügen und ca. 1 Minute mitbraten. Essig und Zucker zugeben und unter ständigem Rühren karamellisieren. Rosmarin, Kapern, Fond oder Gemüsebrühe, Oliven und Tomaten zugeben. Temperatur reduzieren, Topf mit Alufolie bedecken und Mischung ca. 80 Minuten leise köcheln lassen.

Für das Joghurtdressing Minze waschen, Blättchen von den Stängeln zupfen und fein hacken. Knoblauch schälen und fein würfeln. Salatgurke schälen, Kerne mit einem Löffel herauslösen und Gurke fein hacken. Minze, Knoblauch, Gurke und Joghurt in einer Schüssel mischen, mit Salz und Pfeffer kräftig abschmecken.

Lammfilet aus dem Ofen nehmen, auf Tellern anrichten und Joghurtdressing dazu servieren.

Lammburger mit Minze und Whisky

Die Kombination von Lamm und Seetang ist typisch walisisch und schmeckt einfach unvergesslich.

FÜR 4 PERSONEN
2 EL frische Minze
1 Lauchstange
800 g Lammhackfleisch
2 TL Whisky
1 Ei
100 g Laverbread (siehe Eds Tipp auf Seite 25)
Pflanzenöl
100 g gewürfelter Räucherspeck
450 g geriebener Caerphilly (walisische Käsespezialität) oder Cheddar
4 Burgerbrötchen

Minze waschen, Blättchen von den Stängeln zupfen und fein hacken. Lauch in dünne Ringe schneiden und unter fließendem Wasser gründlich waschen. Lammhackfleisch, Minze, Whisky, Ei und Laverbread in einer Schüssel gut mischen, Masse zu vier Burgern formen.

Pflanzenöl in einer Pfanne erhitzen und Burger darin bei mittlerer Temperatur ca. 4–5 Minuten auf jeder Seite anbraten. Herausnehmen.

Lauch und Speck in dem noch heißen Bratfett ca. 1–2 Minuten anbraten, in eine Schüssel füllen. Käse unter den Lauch mischen.

Brötchen in der Mitte durchschneiden. Burger auf die unteren Brötchenhälften legen, etwas Lauch-Käse-Mischung darüber verteilen und die oberen Brötchenhälften aufsetzen.

Hähnchenschenkel mit Käse-Walnuss-Füllung

Dieses Gericht ist eine Variante des Cordon bleu. Ich habe das Rezept jedoch etwas abgewandelt. So lassen sich die Hähnchenschenkel leichter zubereiten, und außerdem erhalten sie einen etwas kräftigeren, „erwachseneren" Geschmack.

FÜR 4 PERSONEN

- 50 g gehackte Walnüsse
- 200 g Stilton (oder anderer Blauschimmelkäse)
- 50 g Paniermehl
- 1 Zwiebel
- 1 Bund frischer oder 1 TL getrockneter Salbei
- 100 g Butter
- 1 EL Portwein
- 50 ml Crème double
- Salz
- frisch gemahlener schwarzer Pfeffer
- 4 Hähnchenschenkel (à ca. 200 g), mit Haut, aber ohne Knochen (am besten beim Metzger vorbereiten lassen)
- 1 Fenchelknolle
- Pflanzenöl
- 500 g Stangenbohnen
- 1 EL körniger Senf
- 1 TL Fenchelsamenpulver
- 450 g Kartoffelpüree (Fertigprodukt)

Backofen auf 180 °C (Gas Stufe 4) vorheizen.

Walnüsse unter dem Grill oder in der Pfanne mit etwas Öl goldbraun rösten. Nicht anbrennen lassen! Blauschimmelkäse zerkrümeln. In einer großen Schüssel Walnüsse, Blauschimmelkäse und Paniermehl mischen. Beiseite stellen.

Für die Füllung Zwiebel schälen und fein würfeln. Salbei waschen, Blättchen von den Stängeln zupfen und fein hacken. 50 g Butter in einer Pfanne zerlassen und Zwiebel darin goldbraun anbraten. Salbei und Portwein zufügen, kurz umrühren und Sauce noch warm über die Käsemischung geben. Crème double unterrühren, mit Salz und Pfeffer abschmecken und alles noch einmal vorsichtig mischen.

Hähnchenschenkel gleichmäßig mit der Käsemischung füllen und mit Küchengarn zu kleinen Päckchen verschnüren. Das Fleisch auf einen Teller legen und ca. 30 Minuten im Kühlschrank ruhen lassen.

Fenchel putzen, waschen und vierteln. Salzwasser in einem Topf erhitzen und Fenchel darin ca. 40 Minuten weich garen.

1 EL Pflanzenöl in einem Bräter erhitzen. Hähnchenschenkel mit der verschlossenen Öffnung nach oben darin kurz anbraten. Bräter dabei gelegentlich vorsichtig rütteln, damit das Fleisch nicht am Pfannenboden anhaftet. In den Ofen schieben und ca. 35–40 Minuten braten.

Bohnen putzen, waschen und schräg in Streifen schneiden. Salzwasser in einem Topf erhitzen und Bohnen darin ca. 10 Minuten bissfest kochen. Abgießen, 25 g Butter und Senf untermischen, kräftig mit Salz und Pfeffer abschmecken.

Fenchel abgießen. Restliche Butter in den Topf geben und zerlassen. Fenchel und Fenchelsamenpulver zugeben, kurz umrühren, in eine Küchenmaschine füllen und glatt pürieren. Kartoffelpüree nach Packungsanweisung zubereiten. Fenchelpüree unter das Kartoffelpüree heben.

Gefüllte Hähnchenschenkel auf Tellern anrichten und mit Fenchelpüree und Senfbohnen servieren.

Sanft gegartes Hähnchen

Dieses Buch ist eine Hommage an die moderne britische Küche, in die Zutaten und Garmethoden aus der ganzen Welt eingeflossen sind – aus so ziemlich jedem Hafen, wo jemals britische Händler gelandet sind. Deshalb finden sich zwischen den traditionellen Gerichten auch immer wieder einige exotische Rezepte. Eines davon ist dieses Hähnchen nach Kanton-Art. Wie ich finde, ist es einem nach der typisch britischen Hau-Ruck-Garmethode zubereiteten Hähnchen weit überlegen. Sie können den Fond als Grundlage für chinesische Suppen aufbewahren oder zu einer reichhaltigen Bratensauce reduzieren.

FÜR 4 PERSONEN
5 große Schalotten
12 Knoblauchzehen
1 daumengroßes Stück frischer Ingwer
75 ml trockener Sherry
2 EL Meersalz
1,6 kg Bio-Hähnchen, küchenfertig
1 l Pflanzenöl

FÜR DAS DRESSING
3 Schalotten
1 Stück frischer Ingwer (ca. 2 cm lang)
1 kleines Bund frischer Koriander
1 frische rote Chilischote
3 EL Ketjap Manis (siehe Seite 87)
3 EL helle Sojasauce
3 EL chinesischer Essig oder Malzessig
4 EL Pflanzenöl

frisch gemahlener Szechuanpfeffer

Schalotten und Knoblauch schälen. Ingwer schälen und fein hacken. 6 l Wasser in einen großen Topf füllen, Schalotten, Knoblauch, Ingwer, Sherry und Meersalz zufügen. Aufkochen und ca. 15 Minuten leise köcheln lassen. Hähnchen unter fließend kaltem Wasser abspülen, mit der Brust nach unten in die heiße Flüssigkeit legen und ca. 15 Minuten sanft pochieren. Die Brühe darf dabei nicht kochen. Topf vom Herd nehmen und Hähnchen in der Flüssigkeit ca. 3 Stunden ziehen lassen.

Hähnchen vorsichtig aus der Flüssigkeit heben, gut abtropfen lassen, auf ein Backblech legen und vollständig abkühlen lassen. Hähnchen mit der Geflügelschere entlang des Brustbeins halbieren. Mit einem scharfen Brotmesser das Rückgrat durchtrennen. Hähnchenhälften auf einen Teller legen und mindestens 2 Stunden im Kühlschrank ruhen lassen, damit die Haut trocknet. Je trockener die Haut, desto knuspriger wird sie anschließend.

Hähnchen entweder im Ofen braten oder frittieren. Zum Braten das Hähnchen mit etwas Pflanzenöl einstreichen, salzen und ca. 30 Minuten in den heißen Ofen schieben.

Für die zweite Methode die Hähnchenhälften in Schenkel, Flügel und Brust zerteilen. Pflanzenöl in einen tiefen Topf füllen (etwa ein Drittel hoch) und auf 160 °C erhitzen. Die Temperatur mit einem Backthermometer überprüfen. Alternativ kann man auch eine Knoblauchzehe in das heiße Pflanzenöl geben, wenn das Öl zu zischen beginnt, hat es die richtige Temperatur. Knoblauchzehe dann wieder herausnehmen. Die Hähnchenteile mit der fleischigsten Seite nach unten zugeben und ca. 5 Minuten goldbraun frittieren. Mit einer Grillzange herausnehmen, dabei darauf achten, dass die Haut nicht beschädigt wird. Auf Küchenkrepp abtropfen lassen.

Für das Dressing Schalotten und Ingwer schälen und in Würfel schneiden. Koriander waschen, Blättchen von den Stängeln zupfen und fein hacken. Chilischote halbieren, putzen, von den Samen befreien, waschen und fein hacken. Schalotten, Ingwer, Koriander, Chilischote, Ketjap Manis, Sojasauce, Essig und Pflanzenöl in einer Schüssel gut mischen.

Mit einem scharfen Messer Hähnchenstücke in Würfel schneiden und auf einer Platte anrichten. Mit dem Dressing beträufeln, Schalotten darüber verteilen und mit einer Prise Salz und Szechuanpfeffer würzen. Sofort mit Reis oder chinesischen Nudeln servieren.

Hähnchenbrust mit Pflaumen und Blauschimmelkäse

FÜR 2 PERSONEN
2 Hähnchenbrustfilets
Salz
frisch gemahlener schwarzer Pfeffer
1 kleine reife Pflaume
75 g Blauschimmelkäse
(z. B. Blue Wensleydale)
4 Scheiben Parmaschinken
1 EL Olivenöl
1 TL Butter
150 ml trockener Weißwein
2 EL Crème fraîche

Hähnchenbrustfilets mit einem scharfen Messer waagerecht an der Seite fast bis zum Ende durchschneiden, wie ein Buch aufklappen und zwischen zwei Lagen Frischhaltefolie einschlagen. Auf ein Schneidebrett legen und mit einem Teigroller flach klopfen.

Hähnchenbrustfilets auf beiden Seiten mit Salz und Pfeffer würzen. Pflaume waschen, halbieren und entsteinen. Pflaumenhälften und Blauschimmelkäse in dünne Scheiben schneiden.

Pflaumen- und Käsescheiben jeweils auf eine Hälfte legen, zweite Hälfte darüberschlagen. Jedes Hähnchenbrustfilet mit 2 Scheiben Parmaschinken umwickeln und kräftig zusammendrücken.

Öl und Butter in einer flachen Pfanne mit Deckel erhitzen und die Hähnchenbrustfilets darin auf jeder Seite 5 Minuten scharf anbraten, bis der Schinken knusprig ist.

Wein zufügen und aufkochen. Temperatur reduzieren und den Deckel auf die Pfanne setzen. Hähnchenbrustfilets zugedeckt auf jeder Seite ca. 10–13 Minuten garen. Das Fleisch ist zart und gut durchgegart, wenn beim Einstechen mit einer Gabel klarer Saft austritt.

Crème fraîche in die Pfanne geben und den Bratensatz mit einem Holzlöffel kräftig vom Pfannenboden lösen. Sauce mit Salz und Pfeffer abschmecken. Hähnchenbrustfilets auf vorgewärmte Teller legen, mit Sauce beträufeln und servieren.

Hähnchenschenkel mit Haggis-Füllung

Dieses Rezept habe ich von einem französischen Chefkoch aus meinem Restaurant. Ich servierte es einmal auf einem Bankett in Chengdu in der chinesischen Provinz Szechuan. Wenn Sie erzählen, aus welchen Zutaten Haggis besteht, müssen alle Zuhörer normalerweise erst einmal kräftig schlucken. Die Chinesen in Chengdu aber waren entzückt und sagten: „Alles, was gut ist, kommt rein."

FÜR 4 PERSONEN
4 Hähnchenschenkel (à ca. 200 g), mit Haut, aber ohne Knochen (am besten beim Metzger vorbereiten lassen)
225 g Haggis (schottische Spezialität, im englischen Feinkostladen oder im Internethandel erhältlich)
1 EL Öl
1 Zwiebel, geschält
2 Knoblauchzehen, geschält
75 g Butter
400 g frischer Spinat
Salz
frisch gemahlener schwarzer Pfeffer
1 Prise frisch geriebene Muskatnuss

FÜR DIE WHISKYSAUCE
200 ml Whisky
1 Lorbeerblatt
400 ml Hühnerfond (siehe Seite 230)
1 TL Butter

450 g Kartoffelpüree (Fertigprodukt)

Backofen auf 180 °C (Gas Stufe 4) vorheizen.

Hähnchenschenkel gleichmäßig mit dem Haggis füllen und mit Küchengarn zu kleinen Päckchen verschnüren. Auf einen Teller legen und ca. 30 Minuten im Kühlschrank ruhen lassen.

Öl in einem großen Bräter erhitzen. Hähnchenschenkel mit der Haut nach unten hineinlegen und bei mittlerer Temperatur ca. 2 Minuten anbraten und dann ca. 35–40 Minuten im Backofen garen.

Zwiebel und Knoblauch fein würfeln und in einem Topf mit der Butter goldbraun anbraten. Spinat putzen, waschen, zugeben und dünsten, bis die gesamte Flüssigkeit verdampft ist. Mit Salz,

Pfeffer und Muskatnuss würzen. Beiseite stellen.

Hähnchenschenkel aus dem Backofen nehmen, in eine feuerfeste Form legen und im ausgeschalteten Backofen warm halten.

Für die Whiskysauce Bratfett aus dem Bräter abgießen. Whisky angießen und bei niedriger Temperatur auf ein Drittel einkochen. Lorbeerblatt und Fond zufügen. Aufkochen und auf ein Drittel reduzieren. Sauce mit Salz und Pfeffer würzen, Butter einrühren. Kartoffelpüree nach Packungsanweisung zubereiten. Gefüllte Hähnchenschenkel mit Spinat und Kartoffelpüree anrichten. Mit Whiskysauce beträufeln.

Eds Tipp: Kurz nachdem Sie den Whisky in die Sauce gegeben haben, sollten Sie die Backofentür nicht öffnen, denn der Whisky könnte entflammen.

WILDGERI

CHTE

Knuspriger Fasan mit Szechuanpfeffer

FÜR 2–4 PERSONEN

FÜR DEN FOND

1 ganze Knoblauchknolle
5 Schalotten
4 cm Ingwer
2,5 l Hühnerfond (siehe Seite 230)
250 ml trockener Sherry
300 ml dunkle Sojasauce
200 g Rohrohrzucker
10 Sternanis
4 Zimtstangen
1 TL chinesisches Fünf-Gewürze-Pulver
Schale von 1 unbehandelten Orange

2 Fasane, küchenfertig
1 l Pflanzenöl
1 Frühlingszwiebel
½ TL gemahlener Szechuanpfeffer
1 TL Meersalz
Saft von ½ Zitrone

Für den Fond Knoblauch und Schalotten schälen. Knoblauchzehen zerdrücken, Schalotten halbieren. Ingwer schälen und grob hacken. Knoblauch, Schalotten, Ingwer und die übrigen Zutaten für den Fond in einen großen Topf geben, aufkochen und ca. 20 Minuten leise köcheln lassen.

Fasane gründlich waschen, mit der Brust nach unten in den Fond legen und ca. 10 Minuten sanft pochieren. Topf vom Herd nehmen und Fasane noch ca. 3 Stunden bei Zimmertemperatur im Fond gar ziehen lassen.

Fasane mit einer Grillzange aus dem Fond heben und zum Abtropfen mit der Brust nach oben auf einen Grillrost legen. Backblech darunterstellen und Flüssigkeit auffangen. Die Haut der Fasane mit einem Haarföhn trocknen, bis sie papierartig wird – je trockener die Haut, desto knuspriger wird sie.

Pflanzenöl in einer tiefen Pfanne erhitzen. Fasane mit der Brust nach unten darin ca. 4 Minuten scharf braten, bis sich die Haut schön braun färbt. Fasane mit einer Grillzange herausheben, auf Küchenkrepp abtropfen lassen und ca. 10 Minuten ruhen lassen. Mit einem Brotmesser der Länge nach halbieren und das Fleisch mit einem scharfen Messer von den Knochen lösen. Fasanenbrust und das übrige Fleisch in Scheiben schneiden.

Frühlingszwiebel putzen, waschen und grob hacken. Fasanenfleisch vor dem Servieren mit Frühlingszwiebeln, Szechuanpfeffer und Meersalz bestreuen, mit etwas Zitronensaft beträufeln.

Fasan in Rotweinsauce mit Wurzelgemüse

FÜR 2 PERSONEN
4 mehlig kochende Kartoffeln
3 Pastinaken
1 kleine Steckrübe
5 Schalotten
6 kleine Champignons
150 g ungesalzene Butter
3 Scheiben durchwachsener Speck
2 Fasanenbrüste, küchenfertig
1 Stängel frischer Majoran
1 Stängel frischer Thymian
1 EL Mehl
300 ml Hühnerfond (siehe Seite 230)
1 TL Tomatenmark
1 EL rotes Johannisbeergelee
150 ml Rotwein
1 EL Honig
Salz
frisch gemahlener schwarzer Pfeffer

Backofen auf 180 °C (Gas Stufe 4) vorheizen.

Kartoffeln, Pastinaken und Steckrübe schälen, Kartoffeln und Pastinaken grob würfeln. Salzwasser in einem Topf erhitzen, Kartoffelwürfel und Steckrübe darin ca. 20 Minuten kochen. Salzwasser in einem zweiten Topf erhitzen und Pastinaken darin ca. 6 Minuten kochen.

Schalotten schälen und Champignons putzen, beides in feine Scheiben schneiden. 50 g Butter in einer Pfanne erhitzen, Speck und Schalotten darin ca. 2 Minuten bei mittlerer Temperatur anbraten, bis sich die Schalotten goldgelb färben. Champignons zugeben und ca. 5 Minuten mitbraten. Mischung in einen Bräter umfüllen. Restliches Bratfett in der Pfanne erhitzen und Fasanenbrüste darin ca. 2 Minuten scharf anbraten, bis sie Farbe nehmen. Herausnehmen und zur Zwiebel-Champignon-Mischung in den Bräter legen.

Majoran und Thymian waschen, Blättchen von den Stängeln zupfen und fein hacken. Mehl in die Pfanne sieben und ca. 2 Minuten im Bratensaft anschwitzen. Majoran, Thymian, Hühnerfond, Tomatenmark, Johannisbeergelee und Rotwein zugeben, aufkochen und über die Fasanenbrüste gießen. Fasan ca. 20 Minuten im Backofen braten.

Pastinaken abgießen, Honig untermischen, in eine feuerfeste Form füllen und ca. 20 Minuten im Backofen braten.

Kartoffeln und Steckrüben abgießen, zu Püree zerstampfen, 100 g Butter untermischen und mit Salz und Pfeffer abschmecken. Püree in eine Schüssel oder auf einen Teller geben und Pastinaken darauf verteilen. Fasanenbrust in Scheiben schneiden und mit Champignons und Zwiebeln darauf anrichten. Bratensauce darüberträufeln.

Geschmorter Fasan mit Champ-Potatoes

Champ-Potatoes sind eine traditionelle irische Beilage aus Kartoffelbrei mit Frühlingszwiebeln.

FÜR 4 PERSONEN
2 Fasane, küchenfertig
3 EL Sonnenblumenöl
225 g Räucherspeck
3 große Zwiebeln
1 ganze Knoblauchknolle
225 g Steckrüben
3 Möhren
4 Stangen Sellerie
100 g gemischte Pilze
1 große rote Paprikaschote
100 g Chorizo
1 EL Mehl
300 ml Hühnerfond (siehe Seite 230)
300 ml Rotwein
1 EL rotes Johannisbeergelee
1 EL Worcestershiresauce

FÜR DIE CHAMP-POTATOES
1 kg mehlig kochende Kartoffeln
250 ml Milch
50 g Butter
1 Bund Frühlingszwiebeln
Salz
frisch gemahlener schwarzer Pfeffer
gedämpfte grüne Bohnen

je 2 Stängel frische Petersilie und Thymian

Backofen auf 120 °C (Gas Stufe ½) vorheizen.

Fasanenbeine mit Küchengarn eng zusammenbinden. Sonnenblumenöl in einem Bräter erhitzen und Fasane darin kurz von allen Seiten anbraten. Fasane herausnehmen, auf einen Teller legen und warm stellen.

Speck würfeln. Zwiebeln und Knoblauch schälen, Zwiebel fein würfeln, Knoblauchzehen zerdrücken. Steckrüben schälen und grob würfeln. Möhren, Sellerie und Pilze putzen, alles in dünne Scheiben schneiden. Paprikaschote halbieren, putzen, waschen und fein würfeln. Chorizo in dünne Scheiben schneiden.

Speck im Bräter auslassen, Gemüse, Chorizo und Mehl zufügen und kräftig mischen. Fond, Wein, Johannisbeergelee und Worcestershiresauce zugeben und aufkochen. Fasane hineinlegen, Bräter mit einem Deckel verschließen und ca. 3–4 Stunden im Backofen langsam schmoren, bis das Fleisch sehr zart ist.

Kartoffeln schälen und vierteln. Salzwasser in einem Topf erhitzen und Kartoffeln darin ca. 20 Minuten kochen. Milch in einen Topf gießen, Butter zugeben und aufkochen. Frühlingszwiebeln putzen, waschen und in Ringe schneiden. Topf vom Herd nehmen und alles ca. 1 Minute ziehen lassen. Kartoffeln abgießen und zu Püree zerstampfen. Frühlingszwiebeln zugeben, gut unterheben und mit Salz und Pfeffer abschmecken.

Petersilie und Thymian waschen, Blättchen von den Stängeln zupfen und fein hacken. Fasane aus dem Bräter heben, auf einen Teller legen und etwas abkühlen lassen. Fleisch von den Knochen lösen und wieder in den Bräter legen. Mit Salz, Pfeffer und Kräutern würzen.

Geschmorten Fasan mit gedämpften Bohnen sowie Champ-Potatoes in großen Suppentellern anrichten und mit reichlich Bratensauce beträufeln.

Perlhuhn mit Röstzwiebeln

FÜR 2 PERSONEN

1 Perlhuhn, küchenfertig
60 g Butter
1 Prise frisch geriebene Muskatnuss
Salz
frisch gemahlener schwarzer Pfeffer
6 Scheiben Räucherspeck
2 große rote Zwiebeln
2 EL Olivenöl
2 TL Aceto Balsamico
2 mehlig kochende Kartoffeln
1 TL Cayennepfeffer
250 ml Hühnerfond (siehe Seite 230)

FÜR DIE MISPELSAUCE

250 ml Rotwein
400 ml Hühnerfond (siehe Seite 230)
1 EL Mispelgelee

Backofen auf 180 °C (Gas Stufe 4) vorheizen.

Perlhuhn in Brust, Schenkel und Flügel zerteilen, mit 30 g Butter bestreichen, mit Muskatnuss, Salz und Pfeffer würzen. Jedes Fleischstück in eine Scheibe Speck wickeln und die Stücke nebeneinander in einen Bräter legen.

Zwiebeln schälen, das Wurzelende aber nicht abschneiden. Zwiebel vierteln, mit Olivenöl und Balsamico beträufeln, mit Salz und Pfeffer würzen und neben das Fleisch in den Bräter legen.

Kartoffeln schälen und vierteln. Restliche Butter in einem zweiten Bräter erhitzen, Cayennepfeffer zugeben und Kartoffeln darin anbraten. Hühnerfond zugießen und Kartoffeln darin bissfest kochen. Kartoffeln abgießen und zu Püree zerstampfen.

Perlhuhn im Backofen ca. 40 Minuten braten. Fleisch und Zwiebeln herausnehmen, auf einen Teller legen und warm stellen.

Für die Sauce Bräter auf den Herd stellen, erhitzen und Bratensatz mit Rotwein und Hühnerfond ablöschen. Flüssigkeit um ein Fünftel reduzieren lassen. Mispelgelee zugeben und unter Rühren auflösen. Sauce durch ein Sieb abgießen und über Perlhuhn, gebratenen Zwiebeln und Kartoffelpüree verteilen.

Rebhuhn mit geschmorter Roter Bete und Steckrübenpüree

Dieses Wildgeflügelgericht ist von der chinesischen Küche inspiriert. Durch das Dämpfen wird das Fleisch wundervoll zart, die leicht bittere Note verschwindet.

FÜR 2 PERSONEN

FÜR DAS STECKRÜBENPÜREE

1 kleine Steckrübe
Salz
1 Schalotte
50 g Butter
50 g Sahne
frisch gemahlener schwarzer Pfeffer
1 kräftige Prise frisch geriebene Muskatnuss

FÜR DEN SALAT

1 EL Trüffelöl
1 TL Olivenöl
Saft von ½ Zitrone
4 Stangen Sellerie
1 Bund frische Brunnenkresse

2 ungeschälte Knoblauchzehen
1 TL Zucker
2 EL Sherry
1 EL Sojasauce
1 Spritzer Zitronensaft
1 Rebhuhn
1 EL eingelegte grüne Pfefferkörner
2 Schalotten
50 g Butter
1 Knoblauchzehe
4 Rote Beten, gekocht
6 große Stücke knuspriges Weißbrot
6 Scheiben durchwachsener Speck
1 EL Pflanzenöl oder Butterschmalz
1 TL chinesisches Fünf-Gewürze-Pulver

Backofen auf 220 °C (Gas Stufe 7) vorheizen.

Für das Püree Steckrübe schälen und in 2,5 cm große Würfel schneiden. Schalen beiseite stellen. Salzwasser in einem Topf erhitzen und Steckrübenwürfel darin ca. 40 Minuten bissfest kochen. Schalotte schälen und fein würfeln. Butter in einem Topf zerlassen und Schalotten darin bei niedriger Temperatur weich braten. Steckrüben zufügen und ca. 4–5 Minuten anbraten, bis die Flüssigkeit verdampft ist.

Wenn die Steckrüben trocken und leicht glasig werden, Topf vom Herd nehmen und Steckrüben zu Püree zerstampfen. Sahne zufügen, mit Salz, Pfeffer und Muskatnuss würzen.

Für das Salatdressing Trüffel- und Olivenöl mit Zitronensaft verrühren. Sellerie putzen und in dünne Scheiben schneiden. Selleriereste beiseite stellen. Brunnenkresse waschen und grob hacken. Sellerie und Brunnenkresse mischen und Dressing unterheben.

300 ml Wasser, ungeschälte Knoblauchzehen, Steckrübenschalen und Selleriereste, Zucker, Sherry, Sojasauce und Zitronensaft in einem Topf mischen und erhitzen. Rebhuhn in einem Dämpfeinsatz über der Flüssigkeit ca. 20 Minuten dämpfen. Herausnehmen und trocken tupfen.

Dämpfflüssigkeit sprudelnd aufkochen und auf sirupartige Konsistenz einkochen lassen. Über einem Sieb abgießen, grüne Pfefferkörner zugeben und die Flüssigkeit leise köcheln lassen.

Schalotten schälen und fein hacken. 25 g Butter in einem Topf erhitzen und Schalotten darin anbraten. Knoblauch schälen. Knoblauchzehe und Rote Bete zugeben und ca. 5 Minuten weich braten. 1 EL Pfeffersauce zugeben und karamellisieren lassen.

Jedes Brotstück in eine Speckscheibe wickeln und auf ein oder zwei Holzspieße stecken.

Pflanzenöl oder Butterschmalz in einem großen Bräter erhitzen und Rebhuhn darin von allen Seiten anbraten. Das Fleisch herausnehmen, innen mit Fünf-Gewürze-Pulver und Salz ausreiben und wieder in den Bräter legen. Speckspieße neben das Rebhuhn legen und alles im Backofen ca. 10 Minuten braten.

Rebhuhn herausnehmen, mit einem Brotmesser halbieren und in Stücke teilen. Rote Bete in Scheiben schneiden und mit dem Salat auf einer Platte anrichten. Fleisch darauf anrichten, mit reichlich Pfeffersauce beträufeln und Steckrübenpüree dazu reichen.

Gebratenes Huhn mit speckummanteltem Chicorée

Dieses Rezept widme ich einem alten Schulfreund. Bevor er reich und berühmt wurde, machte er sich große Sorgen, dass ich mein Ziel, ein Profikoch zu werden, aus den Augen verlieren könnte. Er ging in einen Feinkostladen, kaufte zwei Raufußhühner, eine schwarze Trüffel, eine Flasche Wein und einen guten Kalbsfond. Er rief mich an, lud mich zu sich ein und warf mir alle Zutaten zu. 40 Minuten später saßen wir am Esstisch und genossen eine der unvergesslichsten Mahlzeiten meines Lebens. Mein Freund möchte nicht genannt werden, aber ich bedanke mich an dieser Stelle für all die wunderschönen Momente, die mir sehr viel bedeuten.

FÜR 2 PERSONEN

2 Raufußhühner (Grouse) oder 1 großes Hühnchen, küchenfertig
Salz
frisch gemahlener schwarzer Pfeffer
4 Stängel frischer Thymian
50 g Schweineschmalz

FÜR DEN CHICORÉE

4 Chicorée
50 g Butter
1 kleine Zwiebel
2 Knoblauchzehen
1 Bund frische Petersilie
400 ml Gemüsefond (siehe Seite 231)
8 Scheiben durchwachsener Speck

2 große mehlig kochende Kartoffeln
50 ml Milch
100 g Butter
1 kleine schwarze Trüffel (aus dem Feinkostladen)
400 ml trockener Rotwein
400 ml Rinderfond (siehe Seite 230) oder Kalbsfond
2 EL Apfelgelee (oder selbst gemachtes Holzapfel-Lavendel-Gelee, siehe Seite 234)

Backofen auf 180 °C (Gas Stufe 4) vorheizen.

Hühner mit Salz und Pfeffer bestreuen. Thymian waschen und in jeden Vogel 2 Stängel geben. Fett in einem großen Bräter erhitzen und das Fleisch darin auf allen Seiten anbraten. Bräter vom Herd nehmen und Hühner auf ein Schneidebrett legen.

Chicorée putzen und der Länge nach halbieren. Butter in dem noch heißen Bräter erhitzen und Chicorée darin bei mittlerer Temperatur anbraten, bis er Farbe nimmt. Das Gemüse herausnehmen und zum Abkühlen auf ein Schneidebrett legen.

Zwiebel und Knoblauch schälen und fein hacken. Beides in den noch heißen Bräter geben und anbraten. Petersilie waschen, Blättchen von den Stängeln zupfen, fein hacken und zusammen mit dem Fond zufügen. Bräter vom Herd nehmen.

Chicoréehälften spiralförmig mit Speck umwickeln und mit den flachen Seiten nach unten in den Fond legen. Bräter mit Alufolie bedecken und Chicorée ca. 30 Minuten im Backofen braten. Folie abnehmen und alles weitere ca. 15 Minuten im Ofen garen, bis die Flüssigkeit fast vollständig verdampft ist.

Chicorée herausnehmen und auf einen Teller legen. Zwiebeln, Knoblauch und restlichen Bratensaft darüber verteilen. Mit Alufolie bedecken und beiseite stellen.

Backofentemperatur auf 220 °C (Gas Stufe 7) erhöhen.

Hühner in den noch heißen Bräter legen und im Backofen ca. 20–25 Minuten braten.

Kartoffeln schälen. Salzwasser in einem Topf erhitzen und Kartoffeln darin ca. 20 Minuten bissfest garen. Abgießen, Milch und die Hälfte der Butter zufügen und zu Püree zerstampfen. Mit Salz und Pfeffer abschmecken, beiseite stellen.

Trüffel reiben, mit restlicher Butter und 1 Prise Salz zu einer glatten Paste verrühren.

Rotwein in einen Topf geben, aufkochen und um die Hälfte reduzieren lassen. Fond zugießen und alles auf ein Fünftel einkochen. Trüffelbutter unterheben und Sauce mit Salz und Pfeffer abschmecken.

Hühner aus dem Ofen nehmen, mit Alufolie bedecken und ca. 5 Minuten ruhen lassen.

Kartoffelpüree langsam erwärmen und auf zwei Teller verteilen. Chicorée und Huhn darauf anrichten. Sauce darüberträufeln und Apfelgelee dazu servieren.

Hirschsteaks mit geröstetem Honiggemüse

Ich kann mich nicht mehr erinnern, wer es war, aber ich sah vor Kurzem im Fernsehen, wie jemand Hirschsteaks aus der Rippe zubereitete. Ich rief sofort meinen Metzger an, gab meine Bestellung auf, verbrachte den nächsten Morgen in der Küche und kreierte dieses Rezept. Es hat einen sehr herbstlichen bis winterlichen Touch. Das Hirschsteak, das ich dafür verwende, entspricht vom Fleischschnitt her dem französischen Côte de bœuf bzw. dem englischen Rib-Eye-Steak, also der Hochrippe.

FÜR 2 PERSONEN

1 Prise Salz
4 mittelgroße Möhren, geschält, in große Würfel geschnitten
2 Pastinaken, geschält, in große Würfel geschnitten
2 große Steckrüben, geschält, in große Würfel geschnitten
1 kleine Sellerieknolle, geschält, in große Würfel geschnitten
1 ganze geräucherte Knoblauchknolle, in einzelne Zehen getrennt
8 kleine Schalotten, geschält
2 EL Honig
1 EL körniger englischer Senf
4 EL Öl
1 kleines Bund frische krausblättrige Petersilie, gehackt
1 EL Schweineschmalz
2 Hirschsteaks (à 250 g), aus der Rippe
Salz und frisch gemahlener schwarzer Pfeffer
1 Glas Rotwein
1 Lorbeerblatt
600 ml Rinderfond (siehe Seite 230)

Den Ofen auf 180 °C (Gas Stufe 4) vorheizen. Ein tiefes Backblech mit Backpapier auslegen.

Das Gemüse in kochendem Salzwasser 4 Minuten blanchieren und zum Abtropfen in ein Sieb geben. Zum Schluss die Knoblauchzehen und Schalotten blanchieren. Das Gemüse mit einem sauberen Geschirrtuch möglichst gut trocken tupfen und auf das Backblech legen.

Honig, Senf und Öl mischen und mit dem Schneebesen verrühren. Die Petersilie über das Wurzelgemüse streuen und das Honig-Senf-Dressing darübergeben. Das Gemüse auf der mittleren Schiene im Ofen 15 Minuten braten.

Das Schmalz in einer großen Pfanne bei starker Hitze zerlassen und die Hirschsteaks auf beiden Seiten anbraten. Mit Salz und Pfeffer würzen.

Die Steaks auf einen Grillrost legen, über das Gemüse in den Ofen geben und 20–25 Minuten braten. Die Steaks herausnehmen und zum Abkühlen wieder in die Pfanne legen. Mit Alufolie abdecken und ruhen lassen. Das Gemüse weitere 5 Minuten braten.

Wein und Lorbeerblatt in einen Topf geben, aufkochen lassen und auf die Hälfte reduzieren, dann den Rinderfond hinzufügen und alles auf ein Viertel einkochen.

Zum Servieren die Hirschsteaks in Scheiben schneiden. Fleisch und Gemüse auf zwei Teller verteilen und die Bratensauce darübergeben.

Hirsch „Lord Nelson“

Dieses Rezept ist eine Abwandlung von Beef Wellington. Man verwendet dafür allerdings Hirsch- statt Rindfleisch. Es war eines der Lieblingsgerichte von Lord Nelson.

FÜR 2 PERSONEN
1 TL zerdrückte Wacholderbeeren
1 TL geschrotete schwarze Pfefferkörner
250 ml Portwein
1 Lorbeerblatt
Salz
½ TL getrocknete Kräuter
500 g Hirschlendenbraten, küchenfertig
1 Zwiebel
1 Knoblauchzehe
125 g Butter
50 g gemischte Pilze
1½ EL Pflanzenöl
300 g Leber von freilaufenden Hähnchen
150 ml Portwein
frisch gemahlener schwarzer Pfeffer
250 g Blätterteig (siehe Seite 226)
1 Ei

Wacholderbeeren, Pfefferkörner, Portwein, Lorbeerblatt, 1 kräftige Prise Salz und Kräuter in einer kleinen Schüssel mischen. Hirschlendenbraten in die Marinade legen und zugedeckt ca. 60 Minuten im Kühlschrank ruhen lassen.

Backofen auf 180 °C (Gas Stufe 4) vorheizen.

Für die Pastete Zwiebel und Knoblauch schälen, Zwiebel in feine Würfel schneiden, Knoblauch zerdrücken. Hälfte der Butter in einer Pfanne erhitzen, Zwiebel und Knoblauch darin ca. 10 Minuten anbraten. Pilze putzen, in Scheiben schneiden, zufügen und bei hoher Temperatur weich braten. Pilzmischung herausnehmen und auf einem Teller abkühlen lassen.

Pfanne wieder auf den Herd stellen und ½ EL Pflanzenöl darin erhitzen. Hähnchenleber in Würfel schneiden, zugeben und bei hoher Temperatur von allen Seiten anbraten. Vom Herd nehmen, Pilzmischung und Portwein zugeben, alles mit Salz und Pfeffer würzen.

Hähnchenleber ca. 4 Minuten leise köcheln lassen, Pfanne vom Herd nehmen, das Ganze abkühlen lassen und im Mixer glatt pürieren, dabei nach und nach die restliche Butter zufügen. Pastete an einen kühlen Ort stellen, jedoch nicht in den Kühlschrank.

Hirschbraten aus der Marinade nehmen und mit Küchenkrepp trocken tupfen.

Restliches Pflanzenöl in einer großen Pfanne stark erhitzen und Hirschlende darin von allen Seiten einige Sekunden anbraten. Temperatur reduzieren und das Fleisch noch ca. 5 Minuten weiter braten. Pfanne vom Herd nehmen und abkühlen lassen.

Blätterteig ca. 5 mm dick auf DIN-A4-Größe ausrollen. Zwei Drittel der Pastete in die Mitte des Teigs geben und verstreichen, ca. 2 cm Teigrand frei lassen. Hirschbraten auf den Teig setzen und restliche Pastete auf der Oberseite verteilen. Teigränder mit verquirltem Ei bestreichen und Teig um den Braten wickeln. Teigränder an den Seiten einschlagen, Teigreste zum Dekorieren verwenden. Den in Teig gerollten Braten ca. 20 Minuten im Ofen backen. Herausnehmen und ca. 10 Minuten ruhen lassen.

Braten in vier dicke Scheiben schneiden. Mit etwas Cumberlandsauce (siehe Seite 233) beträufeln und dazu eine Gemüsebeilage nach Wahl reichen.

Kaninchen mit Steinpilzsauce und Knoblauchpüree

Kaninchen gehört zu den am weitest verbreiteten Wildsorten in Europa. Da Kaninchen in der freien Natur immer weniger Feinde haben, vermehren sie sich sehr stark. Dennoch haben viele Menschen Hemmungen, diese niedlichen Tiere zu verspeisen. Aber ist die Haut erst einmal abgezogen, lässt sich Kaninchenfleisch letztlich genauso zubereiten wie jedes andere Fleisch vom Metzger.

Für die Sauce in diesem Rezept verwende ich getrocknete Steinpilze. Sie wachsen im Herbst fast überall in Europa, sind allerdings bei Pilzsammlern sehr begehrt und daher entsprechend selten zu finden. Wenn Sie das Glück haben, beim Sammeln auf frische Steinpilze zu stoßen, können Sie diese für das folgende Rezept natürlich auch selbst trocknen (siehe Eds Tipp).

FÜR 6–8 PERSONEN
2 ganze Kaninchen, küchenfertig
50 g getrocknete Steinpilze
1,2 l Gemüse- oder Hühnerfond (siehe Seite 230–231) oder Kaninchenfond
1 EL Pflanzenöl
245 g Butter
4 kleine Zwiebeln
1 Stange Lauch
100 g braune Champignons
1 EL Mehl
Salz
frisch gemahlener schwarzer Pfeffer
2 Bund frische Petersilie
400 ml trockener Weißwein
2 Lorbeerblätter
100 g Gerste
2 EL körniger Senf
1 ganze Knoblauchknolle
175 g durchwachsener Räucherspeck
6 große Kartoffeln
150 ml Milch
100 ml Crème double
gedämpftes grünes Gemüse

Kaninchen in Keulen, Vorderläufe und zwei Rückenfilets zerteilen. Am besten bitten Sie den Metzger oder Wildhändler darum, die Tiere entsprechend vorzubereiten.

600 ml Wasser aufkochen, getrocknete Steinpilze darin einweichen, bis das Wasser wieder abgekühlt ist. Pilze herausnehmen und über der Schüssel mit dem Einweichwasser überschüssige Flüssigkeit kräftig ausdrücken. Fond in einen Topf geben. Pilzflüssigkeit durch ein feines Sieb in den Topf mit dem Fond gießen und aufkochen.

Pflanzenöl und 85 g Butter in einem großen Schmortopf erhitzen. Kaninchenteile darin von allen Seiten goldbraun anbraten. Herausnehmen, auf einen Teller legen und warm stellen.

Zwiebeln schälen und in feine Würfel schneiden. Lauch putzen, in dünne Ringe schneiden und gründlich waschen. Champignons putzen und vierteln. 85 g Butter in einem Schmortopf erhitzen, Zwiebeln und Lauch darin ca. 3 Minuten bei mittlerer Temperatur glasig dünsten. Steinpilze zufügen und ca. 1 Minute mitbraten, Champignons zugeben, umrühren und noch ein paar Minuten mitbraten. Mehl einsieben, mit Salz und schwarzem Pfeffer würzen. Gut mischen. Petersilie waschen, Blättchen von den Stängeln zupfen und fein hacken. Hälfte der Petersilie und Wein zugeben, alles aufkochen. Fond, Lorbeerblätter, Gerste und Senf untermischen. Kaninchenstücke in den Schmortopf legen und zugedeckt bei sehr niedriger Temperatur ca. 80 Minuten schmoren.

Inzwischen Backofen auf 180 °C (Gas Stufe 4) vorheizen. Ein Backblech mit Backpapier auslegen.

Für das Knoblauchpüree Knoblauchknolle in einzelne Zehen teilen. Wasser aufkochen und ungeschälte Knoblauchzehen darin ca. 5 Minuten blanchieren, herausnehmen. Speck in Streifen schneiden und mit dem Knoblauch auf das Backblech legen. Im Backofen ca. 20–25 Minuten rösten, bis der Speck schön knusprig ist.

Kartoffeln schälen und in große Würfel schneiden. Salzwasser in einem Topf erhitzen und Kartoffeln darin ca. 20 Minuten bissfest garen. Abgießen, restliche Butter und Milch zufügen und zu Püree zerstampfen.

Gebratenen Knoblauch schälen, zerdrücken und unter das Püree heben. Restliche Petersilie zufügen.

Deckel vom Schmortopf abnehmen und Kaninchen noch ca. 15 Minuten bei niedriger Temperatur weitergaren, Fett immer wieder von der Oberfläche abschöpfen.

Crème double unter die Steinpilzsauce mischen und knusprig gebratenen Speck darüber verteilen. Mit Salz und Pfeffer abschmecken. Kaninchen mit dem Knoblauchpüree und gedämpftem grünem Gemüse nach Wahl servieren.

Eds Tipp: Zum Trocknen von frischen Steinpilzen schneiden Sie die Pilze in dünne Scheiben, legen sie auf Backpapier und trocknen Sie sie im Dörrgerät oder bei sehr schwacher Temperatur im Backofen.

Entenconfit mit Fenchel-Rotkohl-Gemüse

Sie können das Entenconfit am Vortag zubereiten und im Kühlschrank aufbewahren oder auch fertig gekauftes aus dem Glas verwenden. In diesem Fall das fertige Entenconfit aus dem Glas nehmen, vom Fett befreien und den ersten Absatz in der Zubereitungsanleitung überspringen.

FÜR 4 PERSONEN
einige Stängel frischer Thymian
4 Entenkeulen
5 frische Lorbeerblätter
Salz
½ TL schwarze Pfefferkörner
1 l Pflanzenöl
1 Fenchelknolle
½ kleiner Rotkohl
1 TL Sternanispulver
½ TL Nelkenpulver
1 Lorbeerblatt
Salz
frisch gemahlener schwarzer Pfeffer
4 TL Muscovado-Zucker oder brauner Rohrzucker
300 ml Orangensaft
100 g Rosinen
100 ml Rotweinessig
4 große Kartoffeln
75 g Butter
200 ml Vollmilch
1 EL körniger Senf
1 Birne
1 EL Williamsbirne oder Brandy
200 ml Kalbs- oder Rinderfond (siehe Seite 230)

Thymian waschen und zusammen mit den Entenkeulen, Lorbeerblättern, 1 EL Salz und Pfefferkörnern in einer großen Schüssel mischen. Anschließend das Ganze 30 Minuten ziehen lassen. Pflanzenöl in einem großen Topf erhitzen. Ente und Marinierzutaten zugeben und alles bei möglichst niedriger Temperatur ca. 3 Stunden sanft garen. Vom Herd nehmen und abkühlen lassen.

Backofen auf 150 °C (Gas Stufe 2) vorheizen.

Für das Fenchel-Rotkohl-Gemüse Fenchel und Rotkohl putzen und in feine Streifen schneiden. Gemüse mit Sternanis- und Nelkenpulver, Lorbeerblatt, ½ TL Salz, 1 Prise Pfeffer, Muscovado-Zucker, Orangensaft, Rosinen und Rotweinessig in einen Bräter geben, mit Alufolie bedecken und ca. 90 Minuten im Ofen garen. Alle 30 Minuten kurz umrühren.

Entenschenkel mit der Hautseite nach unten in einen großen Bräter legen und bei mittlerer Temperatur ca. 2 Minuten anbraten. Vom Herd nehmen und Entenschenkel wenden. 100 ml Wasser zugießen, Bräter mit Alufolie bedecken und Entenschenkel ca. 20 Minuten im Backofen braten.

Kartoffeln schälen. Salzwasser in einem Topf erhitzen und Kartoffeln darin ca. 20 Minuten bissfest garen. Abgießen, 50 g Butter, Milch und Senf zufügen und alles zu Püree zerstampfen.

Für die Birnenjus Birne schälen, vom Kerngehäuse befreien und in 12 Spalten schneiden. Williamsbirne oder Brandy erhitzen und Birnenspalten darin sanft pochieren. Fond zufügen und alles auf ein Viertel reduzieren lassen. Restliche Butter zufügen und Jus mit Salz und Pfeffer abschmecken.

Entenconfit mit geschmortem Gemüse und Kartoffelpüree servieren, Birnenjus dazu reichen.

Eds Tipp: Die Ente sollte sehr langsam und schonend gegart werden, so wird das Fleisch ganz besonders zart.

PASTETEN

Pastete mit Hähnchen und Schinken in Aspik

Der Teig, den ich für dieses Rezept verwende, wird mit heißem Wasser zubereitet. Damit werden traditionell herzhafte Schweinefleischpasteten (Pork Pies) hergestellt.

Ein Schinkenbraten ist meist das günstigste Fleisch, das Sie beim Metzger kaufen können. Zusammen mit Hähnchen und Gelee ergibt er ein wunderbares kaltes Gericht, das sich fantastisch für ein sommerliches Mittagessen eignet. Dazu passt englischer Senf, ein knackiger grüner Salat, ein paar eingelegte Zwiebeln und ein kühles Bier.

FÜR 4 PERSONEN
1 Schinkenbraten (ca. 350 g)
1 TL Weißweinessig
450 g Hähnchenschenkel
1 große Stange Lauch
1 Zwiebel
2 große Möhren
1 Bund frische Petersilie
½ TL Muskatblütenpulver (Macis)
¼ TL weißer Pfeffer
½ TL Senfpulver
¼ TL Selleriesalz
500 g Pastetenteig
(siehe Seite 226)
Mehl für die Arbeitsfläche
Butterschmalz oder Pflanzenöl
Salz

Schinkenbraten in einen großen Topf legen. Essig und 2 l Wasser zufügen, aufkochen und das Fleisch darin ca. 3 Stunden kochen. Schinken aus dem Sud nehmen und abkühlen lassen. Hähnchenschenkel in den Topf geben und im Sud ca. 30 Minuten pochieren, herausnehmen und abkühlen lassen. Hähnchen entbeinen, mit dem Schinken in mundgerechte Stücke schneiden und in eine große Schüssel geben.

Lauch putzen, in feine Ringe schneiden und gründlich waschen. Zwiebel schälen und in feine Würfel schneiden. Möhren putzen, waschen und fein würfeln. Lauch, Zwiebel und Möhren in den Sud geben und darin ca. 10 Minuten kochen.

Gemüse über einem Sieb abtropfen lassen und die Flüssigkeit in einer Schüssel auffangen. Gemüse zum Fleisch geben. Petersilie waschen, Blättchen von den Stängeln zupfen und fein hacken. Fleisch und Gemüse mit Petersilie, Muskatblüte, weißem Pfeffer, Senfpulver und Selleriesalz würzen, alles gut mischen.

Sud in einem Topf aufkochen und bei hoher Temperatur auf 300 ml reduzieren lassen. Abkühlen und 5 EL Fond zur Fleischmischung geben.

Pastetenteig auf einer bemehlten Fläche ausrollen. Einen Pieteller (siehe Eds Tipp) mit Schmalz oder Pflanzenöl einstreichen, mit etwas Salz bestreuen und mit dem Teig auskleiden. Überstehende Teigränder abschneiden und zu einem Deckel ausrollen. Füllung auf dem Teigboden verteilen und Teigdeckel darauflegen.

Ein gefettetes Backblech umgedreht auf den Pieteller legen und Pastete stürzen. Pieteller abnehmen, Teigränder zusammendrücken und in die Mitte der Pastete ein Loch stechen. Teigreste zu 8 cm langen dünnen Streifen ausrollen und diese kreisförmig um das Loch legen. Pastete ca. 30 Minuten im Kühlschrank ruhen lassen.

Backofen auf 180 °C (Gas Stufe 4) vorheizen und Pastete darin ca. 30 Minuten backen. Herausnehmen, abkühlen lassen und ca. 2 Stunden im Kühlschrank ruhen lassen.

Ein Stück Alufolie zu einem Trichter rollen und diesen in das Loch in der Mitte der Pastete stecken. Langsam 4 EL des restlichen konzentrierten Fonds einfüllen und Pastete wieder in den Kühlschrank stellen. Sobald der Fond auf die kalte Füllung trifft, geliert er und wird fest. Vorgang so oft wiederholen, bis die Pastete randvoll mit Gelee gefüllt ist.

Eds Tipp: Ein Pieteller ist letztlich nichts anderes als ein tiefer Emailteller, ähnlich wie ein Campingteller. Er kostet nicht viel und ist sehr praktisch für die Zubereitung von Pasteten – kaufen Sie am besten einen Teller mit 25 cm Durchmesser. Sie können aber auch einen Pieteller aus Keramik verwenden.

Steak-und-Kidney-Pudding

Ein britischer Klassiker – die Bezeichnung „Pudding" ist natürlich darauf zurückzuführen, dass die Zutaten in einer Puddingform gekocht werden. Dieses Gericht wärmt im Winter herrlich und ist wahrlich ein Futter für die Seele. Servieren Sie dazu Gemüse und eine Bratensauce.

FÜR 2 PERSONEN
250 g Mehl
½ Päckchen Backpulver
Salz
110 g Rindertalg
350 g Rinderschmorfleisch
100 g Kalbs- oder Lammnieren
frisch gemahlener schwarzer Pfeffer
50 g Wiesenchampignons

Für den Teig 225 g Mehl, Backpulver und 1 Prise Salz in eine Schüssel sieben. Rindertalg in kleinen Stückchen zusammen mit etwas Wasser zum Mehl geben und alles zu einem glatten Teig kneten.

Zwei Drittel des Teigs auf einer bemehlten Fläche ausrollen und damit eine 750 ml fassende Puddingschüssel auslegen. Rinderschmorfleisch und Nieren in kleine Würfel schneiden. 2 EL Mehl in einen tiefen Teller geben, mit Salz und Pfeffer würzen. Fleischwürfel im Mehl wenden. Champignons putzen und in dünne Scheiben schneiden. Fleisch und Champignons mischen und in die Puddingform geben. 2 EL kaltes Wasser zufügen. Restlichen Teig auf einer bemehlten Fläche ausrollen und als Deckel über die Füllung legen. Puddingform mit Backpapier oder Alufolie bedecken und den Pudding in einem Dämpfeinsatz über kochendem Wasser ca. 3–3,5 Stunden garen.

Rindfleisch-Champignon-Pastete

FÜR 4 PERSONEN
400 g Champignons
150 ml Pflanzenöl
1 Zwiebel
2 Möhren
50 g Butter
900 g Rindfleisch (aus dem Kamm)
2 EL Mehl
2 Stängel frischer Thymian
2 EL Worcestershiresauce
1 EL Senf
120 ml Ale oder Altbier
225 g Blätterteig (siehe Seite 226)
1 Ei

Für die Füllung Champignons putzen. 75 ml Pflanzenöl in einem Topf erhitzen und Champignons darin weich braten, herausheben und auf Küchenkrepp abtropfen lassen. Zwiebel schälen und in kleine Würfel schneiden, Möhren putzen, waschen und fein würfeln. Butter in den Topf geben, Zwiebel und Möhren darin weich dünsten, aber nicht bräunen.

Rindfleisch in mundgerechte Stücke schneiden, zugeben und 1 EL Mehl einsieben, umrühren und anbraten. Thymian waschen, Blättchen von den Stängeln zupfen und fein hacken. Champignons, Worcestershiresauce, Thymian, Senf und Ale zugeben und ca. 90 Minuten bei niedriger Temperatur im offenen Topf garen. Topf vom Herd nehmen und die Füllung ca. 5 Minuten ruhen lassen.

Backofen auf 220 °C (Gas Stufe 7) vorheizen.

Blätterteig auf einer bemehlten Fläche 5 mm dick ausrollen. Füllung in eine Pastetenform geben und den Rand der Form mit verquirltem Ei bestreichen. Teigdeckel darauflegen, an den Rändern umschlagen und seitlich gut andrücken. Ein Loch in den Teigdeckel schneiden und mit den Teigresten dekorieren. Teigdeckel mit Ei bestreichen und Pastete ca. 15–20 Minuten im Ofen goldbraun backen.

Herausnehmen und vor dem Servieren ein paar Minuten abkühlen lassen.

Eds Tipp: Ich würde zu dieser Pastete geschmorte Zwiebeln, gebratene Zucchini und Kartoffelpüree servieren.

Hodgepodge-Pies

FÜR 6–8 PERSONEN
300 g Kalbsfilet
300 g Schweinefilet
300 g Lammfilet
3 EL Olivenöl
2 große Zwiebeln
4 Möhren
2 EL Mehl
800 ml kräftiger Kalbsfond
1 Stängel frische Petersilie
1 Stängel frischer Thymian
½ Bund frischer Schnittlauch
2 EL Worcestershiresauce
Salz
frisch gemahlener schwarzer Pfeffer
2 EL Perlgraupen
400 g Kartoffeln
6 EL geriebener Cheddar

Backofen auf 160 °C (Gas Stufe 3) vorheizen.

Filets in Würfel schneiden. Olivenöl in einer großen Pfanne erhitzen und Fleisch darin bei mittlerer Temperatur unter Rühren anbraten, bis es Farbe nimmt. Auf 6–8 kleine Pastetenförmchen verteilen. Zwiebeln schälen und in dünne Ringe schneiden, Möhren putzen, waschen und würfeln. Zwiebeln und Möhren in derselben Pfanne leicht anbräunen. Mehl darübersieben und kräftig umrühren. Kalbsfond langsam zugießen und alles zu einer glatten Sauce verrühren. Kräuter waschen, Petersilien- und Thymianblättchen von den Stängeln zupfen und fein hacken. Schnittlauch in feine Röllchen schneiden. Sauce mit Kräutern, Worcestershiresauce, Salz und Pfeffer würzen.

Mischung auf die Pastetenförmchen verteilen und Perlgraupen darüberstreuen. Kartoffeln schälen und in dünne Scheiben schneiden. Pasteten dachziegelartig mit Kartoffelscheiben belegen, mit Alufolie bedecken und ca. 50 Minuten im Ofen backen.

Backofentemperatur auf 180 °C (Gas Stufe 4) erhöhen. Alufolie entfernen und Pastetchen mit geriebenem Cheddar bestreuen. Weitere ca. 30 Minuten backen, herausnehmen und sofort servieren.

Rindfleischpastetchen „Cold Harbour Lane“

FÜR 10 PASTETCHEN
2 Schalotten
2 Knoblauchzehen
1 Chilischote
2 TL Sonnenblumenöl
1 TL getrocknete Thymianblätter
500 g Rinderhackfleisch
3 EL Garam Masala
200 g Pizzatomaten
150 ml Rinderfond (siehe Seite 230)
½ TL Selleriesalz
Saft von ½ Zitrone

FÜR DEN MÜRBETEIG
450 g Vollkornmehl
2 EL Kurkumapulver
1 TL Salz
225 g kalte Butter
3 Eier

Schalotten und Knoblauch schälen, Schalotten in feine Würfel schneiden. Chilischote putzen, von den Kernen befreien und fein hacken. Öl in einer Pfanne erhitzen und Schalotten darin weich braten. Knoblauch und Chilischote zufügen und ca. 3 Minuten anbraten. Thymian, Hackfleisch und Garam Masala untermischen und ca. 10 Minuten braten, bis das Fleisch Farbe nimmt, ab und zu umrühren. Tomaten und Rinderfond zugeben und alles ca. 30 Minuten köcheln lassen, bis die Flüssigkeit fast vollständig verdampft ist. Mit Selleriesalz und Zitronensaft würzen. Topf vom Herd nehmen und ca. 30 Minuten abkühlen lassen.

Für den Mürbeteig Vollkornmehl, Kurkuma, Salz und gewürfelte Butter in einer Schüssel mischen und mit den Fingerspitzen zu einer krümeligen Masse verarbeiten. 2 Eier zufügen und alles zu einem glatten Teig verkneten. Teig in Frischhaltefolie wickeln und ca. 10 Minuten im Kühlschrank ruhen lassen.

Backofen auf 200 °C (Gas Stufe 6) vorheizen.

Teig ausrollen. Mit einer Untertasse insgesamt 10 Teigkreise ausstechen.

Auf jeden Teigkreis 1 gehäuften EL Füllung relativ nahe an den Rand setzen, die andere Hälfte sowie einen schmalen Teigrand frei lassen. Die Ränder mit Wasser bestreichen und den Teig halbmondförmig über die Füllung klappen. Teigränder gut zusammenpressen und mit einer Gabel mehrmals andrücken. Ein paar Löcher in die Teigdeckel stechen.

Die Pastetchen auf ein gefettetes Backblech setzen, mit verquirltem Ei bestreichen und ca. 25 Minuten im Ofen backen. Der Teig sollte goldgelb und fest und die Füllung sehr heiß sein.

Hähnchenpastete

FÜR 4 PERSONEN
225 g Blätterteig (siehe Seite 226)
etwas Mehl für die Arbeitsfläche
1 Hähnchen, küchenfertig
6 Knoblauchzehen
100 g Butter
4 EL Olivenöl
250 g Sahne
1 Stängel frischer Rosmarin
6 frische Salbeiblätter
½ TL Salz
¼ TL frisch gemahlener schwarzer Pfeffer
2 Stangen Sellerie
2 große Stangen Lauch
4 kleine Schalotten
200 g Champignons
1 gehäufter EL Mehl
1 TL grüne Pfefferkörner
1 Glas Weißwein
500 ml Hühnerfond (siehe Seite 230)
1 Lorbeerblatt
1 Ei

Blätterteig auf einer bemehlten Fläche 5 mm dick zu einem Rechteck von 28 x 20 cm ausrollen, auf einen Teller legen und ca. 30 Minuten im Kühlschrank ruhen lassen.

Hähnchen in Schenkel und Flügel zerteilen, Brust mit Knochen in vier Stücke und Wirbelsäule in zwei Teile schneiden. Am besten bitten Sie den Metzger, das Hähnchen entsprechend vorzubereiten.

Knoblauch schälen. Die Hälfte der Butter und 2 EL Olivenöl in einem Bräter erhitzen, Hähnchenstücke und Knoblauchzehen darin und von allen Seiten kräftig bräunen. 200 g Sahne zufügen, erhitzen und ca. 20 Minuten leise köcheln lassen. Die Sahne macht das Hähnchen sehr schön zart.

Rosmarin und Salbei waschen. Rosmarinblättchen von den Stängeln zupfen und fein hacken. Rosmarin, Salbei, Salz und Pfeffer zufügen und weitere ca. 10 Minuten unter Rühren weitergaren. Herdplatte ausschalten und den Deckel auf den Bräter setzen. Abkühlen lassen.

Sellerie schälen, putzen und fein würfeln. Lauch putzen, in dünne Ringe schneiden und waschen. Schalotten schälen und der Länge nach halbieren. Champignons putzen und in Scheiben schneiden. Restliches Olivenöl und restliche Butter in einem Topf erhitzen. Sellerie, Lauch und Schalotten darin bei mittlerer Temperatur ca. 10 Minuten anbraten. Champignons zufügen und leicht anbräunen. Mehl einsieben und grünen Pfeffer zufügen, umrühren und anbraten, bis das Mehl Farbe nimmt. Wein vorsichtig unter Rühren angießen, damit sich keine Klümpchen bilden. Hühnerfond und Lorbeerblatt zugeben und alles ca. 10 Minuten sprudelnd kochen. Vom Herd nehmen und ca. 30 Minuten abkühlen lassen.

Backofen auf 190 °C (Gas Stufe 5) vorheizen.

Hähnchenstücke und Knoblauch aus dem Bräter nehmen, entbeinen und in die Gemüsemischung geben. Restliche Sahne unterheben. Alles in eine 24 x 18 cm große Pastetenform geben. Ränder der Form mit etwas Wasser bestreichen, Teig darüberlegen und Teigränder seitlich andrücken. Teig mit verquirltem Ei einstreichen und Pastete in den vorgeheizten Ofen schieben. Nach ca. 5 Minuten Temperatur auf 180 °C (Gas Stufe 4), nach ca. 20 Minuten auf 170 °C (Gas Stufe 3½) reduzieren und ca. 15 Minuten weiterbacken.

Die Pastete mit Gemüse und einem Löffel Folk Music servieren.

Hähnchenpastete mit Lauch, Champignons und Walnüssen

FÜR 4 PERSONEN
3 kleine Stangen Lauch
225 g Champignons
2 EL Pflanzenöl
1 EL Butter
75 g gehackte Walnüsse
225 g durchwachsener Speck
150 g Mehl
Salz
frisch gemahlener schwarzer Pfeffer
4 Hähnchenbrustfilets
1 Prise frisch geriebene Muskatnuss
1 Lorbeerblatt
1 Stängel frischer Thymian
300 ml Hühnerfond (siehe Seite 230)
2 EL Crème double
100 g Blauschimmelkäse (z. B. Shropshire)
350 g Mürbeteig (siehe Seite 223)
etwas Mehl für die Arbeitsfläche
1 Ei

FÜR DAS DRESSING
1 Bund frische Minze
50 g Butter
1 TL Dijonsenf
2 EL Olivenöl

Lauch der Länge nach halbieren, gründlich waschen und in dünne Streifen schneiden. Champignons putzen und in Scheiben schneiden. 1 EL Pflanzenöl und Butter in einer tiefen Pfanne erhitzen und Lauch darin langsam andünsten. Sobald er weich wird, Champignons zufügen und weich dünsten. Walnüsse untermischen. Alles in eine Schüssel füllen.

Speck in Würfel schneiden. Restliches Pflanzenöl in die Pfanne geben und Speck darin leicht bräunen, vom Herd nehmen. Mehl mit etwas Salz und Pfeffer würzen. Hähnchenstücke in große Würfel schneiden, im gewürzten Mehl wenden, Pfanne mit dem Speck wieder erhitzen und Hähnchenstücke zugeben. 1 EL gewürztes Mehl darübersieben. Alles leicht bräunen und die Lauchmischung zugeben. Mit Muskatnuss, Pfeffer und Lorbeer würzen. Thymian waschen, Blättchen von den Stängeln zupfen und fein hacken. Thymian über das Hähnchen streuen. Vom Herd nehmen und 150 ml Hühnerfond angießen. Unter Rühren wieder erhitzen, bis die Sauce andickt. Restlichen Fond zufügen und alles unter ständigem Rühren ca. 20 Minuten bei niedriger Temperatur leise köcheln lassen. Falls die Sauce zu dickflüssig wird, etwas Wasser zugeben.

Vom Herd nehmen, mit Salz und Pfeffer würzen, Crème double und Blauschimmelkäse untermischen und ca. 30 Minuten abkühlen lassen.

Mürbeteig aus dem Kühlschrank nehmen, auf einer bemehlten Arbeitsfläche ausrollen und eine Pastetenform damit auslegen. Überstehende Teigränder abschneiden, den Teig mit verquirltem Ei bestreichen und Teigreste zu einem Teigdeckel ausrollen. Vollständig abgekühlte Füllung auf dem Teigboden verteilen, Teigdeckel darüberlegen und die Ränder zusammendrücken. Mit einem scharfen Messer ein kleines Loch in den Deckel stechen, damit der Dampf beim Backen entweichen kann. Teigdeckel mit Ei bestreichen und Pastete ca. 30 Minuten im Kühlschrank ruhen lassen.

Backofen auf 180 °C (Gas Stufe 4) vorheizen und Pastete darin ca. 30 Minuten backen.

Für das Dressing Minze waschen, Blättchen von den Stängeln zupfen und fein hacken. Butter in einer Pfanne zerlassen. Vom Herd nehmen und Minze zufügen. Senf und Olivenöl verrühren und unter die Minzbutter mischen.

Pastete herausnehmen, ca. 5 Minuten ruhen lassen und mit etwas Dressing beträufeln. Dazu nach Belieben Gemüse der Saison reichen.

Eds Tipp: Ich verwende nach Möglichkeit immer Bio-Hühner bzw. -Eier.

Sahnige Hähnchen-Schinken-Pastete

Dazu passt frisches Gemüse der Saison.

FÜR 4 PERSONEN
450 g Hähnchenschenkel
1 Prise Salz
1 TL Weißweinessig
1 Lorbeerblatt
1 Bund frische Petersilie
1 große Stange Lauch
1 Zwiebel
2 große Möhren
75 g Butter
50 g Mehl
½ TL Senfpulver
½ TL Muskatblütenpulver (Macis)
¼ TL Selleriesalz
¼ TL weißer Pfeffer
600 ml Hühnerfond (siehe Seite 230)
1 gehäufter EL Crème double
175 g Schinken
350 Mürbeteig (siehe Seite 223)
etwas Mehl für die Arbeitsfläche
1 Ei

Hähnchenschenkel, Salz, Essig und Lorbeerblatt in einen Topf geben. Petersilie waschen, Blättchen von den Stängeln zupfen und fein hacken. Petersilienstängel zu den Hähnchenschenkeln geben, mit 1,8 l Wasser aufgießen, erhitzen, aber nicht zum Kochen bringen, und Hähnchen darin ca. 60 Minuten pochieren. Vom Herd nehmen und abkühlen lassen.

Lauch in ca. 2 cm dicke Ringe schneiden und waschen. Zwiebel schälen, Möhren putzen und waschen. Zwiebeln und Möhren in 2 cm große Würfel schneiden. Butter in einem Topf bei niedriger Temperatur zerlassen. Gemüse zugeben und ca. 5 Minuten anbraten. Mehl darübersieben und weitere ca. 2 Minuten erhitzen. Mit Senfpulver, Muskatblüte, Selleriesalz und weißem Pfeffer würzen. Hühnerfond langsam angießen und gehackte Petersilie zugeben. Alles bei mittlerer Temperatur ca. 30 Minuten kochen lassen. Vom Herd nehmen, Crème double unterrühren und Mischung abkühlen lassen.

Das Hähnchenfleisch vom Knochen lösen und klein schneiden. Schinken in 3 cm große Würfel schneiden. Fleisch, Schinken und Gemüsemischung in eine Schüssel geben, mit Frischhaltefolie bedecken und ca. 30 Minuten im Kühlschrank abkühlen lassen.

Mürbeteig auf einer bemehlten Arbeitsfläche 5 mm dick ausrollen und eine Pastetenform damit auslegen. Überschüssige Ränder abschneiden und zu einem Teigdeckel ausrollen. Füllung in den Teigboden geben, Teigränder mit verquirltem Ei bestreichen. Teigdeckel darüberlegen und Ränder zusammendrücken. Teigdeckel mit Ei bestreichen, ein Loch in die Mitte stechen und Pastete ca. 30 Minuten in den Kühlschrank stellen.

Backofen auf 170 °C (Gas Stufe 3 ½) vorheizen und Pastete darin ca. 40 Minuten backen.

Shepherd's Pie

FÜR 4 PERSONEN
1 große Zwiebel, geschält
2 Knoblauchzehen, geschält
2 Möhren, geschält
3 Stangen Sellerie, geputzt
100 g Champignons, geputzt
75 g Butter
2 EL Pflanzenöl
1 EL frische Rosmarinblättchen, gehackt
350 g Lammhackfleisch (aus dem Nacken)
1 TL Tomatenmark
1 EL Mehl
200 ml Portwein
1 Lorbeerblatt
Salz, frisch gemahlener schwarzer Pfeffer
600 ml Lamm- oder Rinderfond (siehe Seite 230–231)
1 Prise Muskatblütenpulver (Macis)

FÜR DEN BELAG
800 g mehlig kochende Kartoffeln
300 ml heiße Milch
1½ EL Butter
50 ml Crème double
1 Prise frisch geriebene Muskatnuss

Zwiebel, Knoblauch, Möhren und Sellerie in feine Würfel, Champignons in dünne Scheiben schneiden. Butter und Öl in einem großen Topf erhitzen. Gemüse zufügen und anbraten. Rosmarin zum Gemüse geben. Hackfleisch mitbraten, bis es Farbe nimmt. Tomatenmark zugeben, Mehl einsieben, alles gut mischen und ca. 2 Minuten erhitzen. Portwein und Lorbeerblatt zufügen, mit Salz und Pfeffer würzen. Temperatur erhöhen, Fond und Muskatblüte zugeben und alles ca. 60 Minuten köcheln lassen, gelegentlich umrühren.

Mischung in eine große feuerfeste Form füllen und ca. 30 Minuten in den Kühlschrank stellen.

Backofen auf 170 °C (Gas Stufe 3 ½) vorheizen.

Kartoffeln schälen. Salzwasser erhitzen und Kartoffeln darin bissfest garen, abgießen und wieder in den Topf füllen. Milch, Butter und Crème double untermischen, alles zu Püree zerstampfen. Mit Muskat und Pfeffer würzen. Püree über die Hackfleischmischung streichen und Pastete ca. 45 Minuten im Ofen goldbraun backen.

Rindfleisch-Austern-Pastete

FÜR 4 PERSONEN
etwas Butterschmalz zum Einfetten
500 g Mürbeteig (siehe Seite 223)
etwas Mehl für die Arbeitsfläche
75 g Rückenspeck
450 g Rumpsteak oder Rinderschmorfleisch
2 gestrichene EL Mehl
1 TL Selleriesalz
2 Möhren
2 kleine Zwiebeln
1 Bund frische Petersilie
2 Tomaten
400 ml Guinness oder Starkbier
250 ml Rinderfond (siehe Seite 230)
1 EL Malzessig
¼ TL Tabasco
2 Dosen geräucherte Austern in Sonnenblumenöl (à 85 g)
1 Ei

Einen Pieteller mit 25 cm Durchmesser (siehe Eds Tipp auf Seite 122) mit Schmalz einfetten. Mürbeteig auf einer bemehlten Fläche ausrollen und den Pieteller damit auslegen. Überstehende Teigränder abschneiden, Teigreste zu einem Deckel ausrollen. Teigdeckel und -boden ca. 30 Minuten im Kühlschrank ruhen lassen.

50 g Speck in einem großen Topf auslassen. Rindfleisch in ca. 2 cm große Würfel schneiden und darin kurz anbraten, Mehl darübersieben und Selleriesalz zufügen, ca. 2 Minuten braten, Fleisch herausnehmen und warm stellen.

Möhren schälen und waschen, Zwiebeln schälen. Möhren und Zwiebeln in feine Würfel schneiden. Gemüse und restlichen Speck in den Topf geben und bei niedriger Temperatur ca. 5 Minuten braten. Rindfleisch wieder zugeben. Petersilie waschen, Blättchen abzupfen und fein hacken. Tomaten waschen, halbieren, vom Stielansatz befreien, fein würfeln und leicht salzen. Petersilie, Tomaten, Guinness, Rinderfond, Essig und Tabasco zufügen und alles bei niedriger Temperatur ca. 50 Minuten leise köcheln lassen, alle 10 Minuten umrühren.

Topf vom Herd nehmen und ca. 30 Minuten abkühlen lassen. Austern abgießen und untermischen.

Backofen auf 170 °C (Gas Stufe 3 ½) vorheizen.

Füllung auf den Teigboden geben und Teigränder mit verquirltem Ei bestreichen. Teigdeckel darüberlegen und Ränder zusammendrücken. Teigdeckel mit Ei bestreichen und ein Loch in die Mitte stechen. Pastete ca. 45–50 Minuten im Ofen backen. Herausnehmen, ca. 5 Minuten ruhen lassen und sofort servieren.

Eds Tipp: Wenn Sie die Pastete auf viktorianische Art servieren möchten, bestreichen Sie den Teigdeckel nicht mit Ei. Nehmen Sie die Pastete nach ca. 35 Minuten aus dem Ofen, legen Sie ein umgedrehtes Backblech darauf und drehen Sie das Ganze um. Anschließend die Temperatur auf 190 °C (Gas Stufe 5) erhöhen, den Pieteller abnehmen und die Teigoberfläche mit verquirltem Ei bestreichen. Die Pastete weitere ca. 10 Minuten backen. In Australien und Neuseeland nennt man das „Pie floater“.

Wildpastete

Die Füllung in diesem Rezept reicht für zwei Pastetenformen mit jeweils 30 cm Durchmesser. Sie können entweder zwei Pasteten zubereiten und eine davon tiefgefrieren oder gleich die Hälfte der Füllung einfrieren. Servieren Sie zu dieser Pastete Wirsing und Petersilienkartoffeln.

FÜR 8 PERSONEN
1 Fasan, ohne Knochen, küchenfertig
1 Taubenbrust, ohne Knochen, küchenfertig
1 Kaninchen, ohne Knochen, küchenfertig
1 große Entenbrust, ohne Knochen, küchenfertig
275 g Hirsch- oder Rehkeule, ohne Knochen, küchenfertig
etwa 120 g Mehl
3 EL Pflanzenöl
75 g Butter
1 große Zwiebel
4 Scheiben durchwachsener Räucherspeck
2 große Wiesenchampignons
1 Stängel frischer Rosmarin
1 Stängel frischer Thymian
900 ml Hühnerfond (siehe Seite 230)
½ Flasche trockener Rotwein
100 ml Portwein
1 Lorbeerblatt
1 Brühwürfel für Gemüsebrühe
Salz
frisch gemahlener schwarzer Pfeffer
1 kg Mürbeteig (siehe Seite 223)
Mehl für die Arbeitsfläche
1 Ei
Milch

Backofen auf 150 °C (Gas Stufe 2) vorheizen.

Fasanen-, Tauben-, Kaninchen-, Enten- und Reh- oder Hirschfleisch in Würfel schneiden und in 75 g Mehl wenden. Pflanzenöl und 1 TL Butter in einer Pfanne erhitzen und Fleisch darin portionsweise anbraten, herausnehmen und in einen Bräter legen.

Zwiebel schälen und in Ringe schneiden. Speck würfeln. Champignons putzen und in Scheiben schneiden. Restliche Butter in einer Pfanne zerlassen, Zwiebeln und Speck darin anbraten. Champignons zufügen und ca. 3 Minuten dünsten. 25 g Mehl darübersieben und anbräunen.

Rosmarin und Thymian waschen, Blättchen von den Stängeln zupfen und fein hacken. Kräuter, Fond, Rotwein, Portwein und Lorbeerblatt in einem zweiten Topf aufkochen. Brühwürfel darin auflösen, mit Salz und Pfeffer würzen und über die Zwiebelmischung gießen. Restliches Mehl einsieben und gut umrühren, bis die Sauce andickt. Mischung in den Bräter füllen, kurz umrühren und zugedeckt ca. 2 Stunden im Ofen garen.

Herausnehmen, Pastetenfüllung in eine große Schüssel füllen und abkühlen lassen.

Backofentemperatur auf 200 °C (Gas Stufe 6) erhöhen.

Mürbeteig auf einer bemehlten Fläche 5 mm dick ausrollen und zwei Pastetenformen damit auslegen. Überstehende Teigränder abschneiden und daraus zwei Teigdeckel ausrollen. Füllung auf die Teigböden verteilen und Teigränder mit verquirltem Ei bestreichen. Teigdeckel darüberlegen, Ränder mit den Fingern oder mit einer Gabel gut zusammendrücken und ein kleines Loch in den Deckel schneiden. Teigdeckel mit Milch bestreichen und Pasteten mindestens 30 Minuten im Kühlschrank ruhen lassen.

Pasteten im vorgeheizten Ofen ca. 15 Minuten backen, Ofentemperatur auf 180 °C (Gas Stufe 4) reduzieren und weitere ca. 15 Minuten backen.

Kaninchen-, Seeteufel- und Wirsingpastete

Die Idee für dieses Rezept kam mir, als ich an der Küste von Dartmouth spazieren ging. Die beiden Hauptzutaten, von denen eine tief unten im Ozean schwimmt und die andere hier oben in unseren Wäldern herumhüpft, erzeugen eine Art von Synergie. Dieses Gefühl ist bei mir vielleicht auch deshalb entstanden, weil ich am Morgen beim Angeln einen Seeteufel gefangen und danach beim Pilzesammeln im Wald die Kaninchenspuren der letzten Nacht verfolgt habe. Für mich haben Fisch und Kaninchen eine natürliche Beziehung, da ihre Aromen und ihre Struktur einander wunderbar ergänzen. Beide Zutaten lassen sich mit frischem Wirsing aus dem Gemüsegarten kombinieren.

FÜR 4 PERSONEN

FÜR DEN FOND

(alternativ können Sie auch 750 ml Hühnerfond verwenden, siehe Seite 230)

1 Bund frischer Estragon
½ Wirsing
6 Schalotten
900 g Seeteufelschwanz
Knochen von 1 Kaninchen
1 Lorbeerblatt

4 EL Mehl
½ TL weißer Pfeffer
Salz
1 Kaninchen, zerlegt, ohne Knochen
75 g Butter
150 g braune Champignons
1 TL Weißweinessig
1 TL Senf
150 ml Milch
2 Lorbeerblätter
100 ml Crème double
100 g Mürbeteig (siehe Seite 223)
Mehl für die Arbeitsfläche
1 Ei

Für den Fond Estragon waschen, Blättchen von den Stängeln zupfen, fein hacken und beiseite stellen. Grüne Wirsingblätter waschen und grob hacken. Gelbe Wirsingblätter beiseite stellen. Schalotten schälen. Seeteufelschwänze von den Knochen lösen und Knochen in kleine Stücke schneiden. Kaninchenknochen gründlich abspülen, in einen Topf geben und mit kaltem Wasser bedecken. Estragonstängel, grüne Wirsingblätter, Schalen der Schalotten, Seeteufelknochen und Lorbeerblatt zufügen, alles kurz aufkochen, Temperatur sofort auf die niedrigste Stufe reduzieren und Fond ca. 20 Minuten leise köcheln lassen. Vom Herd nehmen und abkühlen lassen.

Mehl mit Pfeffer und 1 Prise Salz mischen. Kaninchenfleisch in ca. 3 cm große Stücke schneiden und im Mehl wenden. Hälfte der Butter in einem großen Topf erhitzen und Kaninchenfleisch darin goldbraun anbraten. Herausnehmen und warm stellen.

Gelbe Wirsingblätter waschen und in Streifen schneiden. Schalotten fein würfeln. Champignons putzen und in Scheiben schneiden. Restliche Butter im Topf erhitzen und Wirsing, Schalotten und Champignons darin anbraten, bis sie weich werden. Essig zugeben und umrühren. 2 EL gewürztes Mehl einsieben, gut umrühren und ca. 2 Minuten kochen lassen. Kaninchenfleisch und Estragon zugeben, Fond langsam unter ständigem Rühren angießen. Die Sauce darf nicht wieder aufkochen, sonst wird das Kaninchenfleisch zäh.

Senf, Milch und Lorbeerblätter zufügen. Alles zugedeckt ca. 15 Minuten bei niedriger Temperatur leise köcheln lassen, vom Herd nehmen. Seeteufelfleisch in ca. 3 cm große Stücke schneiden und zugeben. Crème double unterheben. Füllung in eine große Pastetenform füllen, beiseite stellen und abkühlen lassen.

Mürbeteig auf einer bemehlten Fläche 3 mm dick ausrollen und über die abgekühlte Füllung legen. Überstehende Teigränder abschneiden. Teig mit verquirltem Ei bestreichen und Pastete ca. 30 Minuten im Kühlschrank ruhen lassen.

Backofen auf 170 °C (Gas Stufe 3 ½) vorheizen und Pastete ca. 40–45 Minuten backen.

Eds Tipp: Servieren Sie dazu Möhrenpüree.

CURRYS

Tandoori-Hähnchen

Dieses Gericht serviere ich immer ohne Reis – es schmeckt so gut, dass Sie leicht ein halbes Hähnchen schaffen! Wer möchte, kann natürlich trotzdem Basmatireis dazu reichen.

FÜR 4 PERSONEN
2 ganze Stubenküken (à ca. 1 kg)
2 Knoblauchzehen
4 cm frischer Ingwer
2 EL Zitronensaft
1 TL Salz
2 TL Chilipulver
50 g Butter
4 EL Pflanzenöl
1 Limette
1 TL Chat Masala

FÜR DIE MARINADE
250 g Joghurt
1 TL Garam Masala
100 ml Pflanzenöl
1 TL Zimtpulver
Salz

FÜR DEN SALAT
½ frische Kokosnuss
1 Bund frischer Koriander
1 rote Zwiebel
100 g Rote-Bete-Blätter
1 Friséesalat
2 Tomaten

FÜR DAS DRESSING
1 TL Kreuzkümmelsamen
Saft von 2 Limetten
2 EL Olivenöl
1 Prise Zucker

Backofen auf 180 °C (Gas Stufe 4) vorheizen.

Hähnchen in Brüste und Keulen zerteilen, jeweils 2-bis 4-mal tief einschneiden, aber nicht durchschneiden, und in eine flache Schüssel legen. Knoblauch schälen und zerdrücken. Ingwer schälen und reiben. Knoblauch, drei Viertel vom Ingwer, Zitronensaft, Salz und 1 TL Chilipulver mischen, über das Hähnchen geben und ca. 5 Minuten marinieren.

Für die Joghurtmarinade Joghurt, Garam Masala, Pflanzenöl, Zimtpulver, ½ TL Chilipulver und 1 TL Salz mischen. Das Hähnchen mit der Marinade bestreichen und weitere ca. 5 Minuten marinieren.

Hähnchen auf einen Grillrost legen und im Ofen ca. 25–30 Minuten braten.

Herausnehmen und mit zerlassener Butter und Pflanzenöl beträufeln. Wieder in den Ofen schieben, weitere ca. 10 Minuten braten, herausnehmen und auf dem Grillrost ca. 5 Minuten abkühlen lassen.

Für den Salat Fruchtfleisch der Kokosnuss raspeln. Koriander waschen, Blättchen von den Stängeln zupfen und fein hacken. Zwiebel schälen und in Ringe schneiden. Salat und Rote-Bete-Blätter waschen. Tomaten waschen, halbieren, vom Stielansatz befreien und würfeln. Kokosraspel, Koriander, Zwiebel, Salat und Tomaten in einer Schüssel mischen.

Für das Dressing die Kreuzkümmelsamen in einer trockenen Pfanne 1 Minute rösten, bis sie zu springen beginnen. Kurz abkühlen lassen. Ingwer schälen und fein hacken. Kreuzkümmelsamen im Mörser zu einem Pulver zermahlen, mit Ingwer, Limettensaft, Olivenöl, restlichem Chilipulver, Zucker und 1 Prise Salz mischen. Dressing über dem Salat verteilen.

Das Hähnchen auf vier Teller geben und mit etwas Limettensaft beträufeln. Das Chat Masala und den Salat dazu reichen.

Chicken Tikka masala

Ich glaube, dies ist das britischste aller Currys, denn es wurde eigentlich in England erfunden. Es zählt zu den beliebtesten Currys in unserem Land, da es sehr mild schmeckt.

FÜR 4 PERSONEN

FÜR DIE MARINADE

1 cm frischer Ingwer
1 Knoblauchzehe
3 EL Joghurt
1 TL Zitronen- oder Limettensaft
1 TL Kurkumapulver
1 TL Chilipulver
1 TL Korianderpulver
1 TL Kreuzkümmelpulver

FÜR DIE TIKKA-MASALA-PASTE

1 Zwiebel
2 Knoblauchzehen
2,5 cm frischer Ingwer
1–2 EL Olivenöl
1 TL Chilipulver
1 TL Korianderpulver
1 TL Kreuzkümmelpulver
4 EL Tomatenmark
Salz
3 EL Crème double

1 kg Hähnchen
2 Tassen Basmatireis
25 g Butter
½ Salatgurke
300 g Joghurt
1 TL Minzsauce (siehe Seite 235)
½ Bund frischer Koriander
1 Tomate
4 Limettenspalten

Ingwer schälen und reiben. Knoblauch schälen und zerdrücken. Ingwer, Knoblauch und die übrigen Zutaten für die Marinade mischen. Hähnchen in Stücke schneiden, in die Marinade legen und ca. 60 Minuten im Kühlschrank ziehen lassen.

Für die Tikka-masala-Paste Zwiebel und Knoblauch schälen, Zwiebel fein würfeln, Knoblauch zerdrücken. Ingwer schälen und fein reiben. Olivenöl in einem großen Topf erhitzen und die Zwiebel darin bei mittlerer Temperatur glasig dünsten. Knoblauch und Ingwer zufügen und anbraten. Gewürze darüberstreuen und ca. 30 Sekunden mitbraten. Tomatenmark und 1 TL Salz zufügen und alles ca. 1–2 Minuten mitbraten.

Hähnchen in die Tikka-masala-Paste legen, umrühren und zugedeckt ca. 10–15 Minuten bei mittlerer Temperatur garen. Crème double unterheben und ca. 3–5 Minuten unter ständigem Rühren erhitzen.

4 Tassen Salzwasser in einem Topf erhitzen und Reis darin kochen. Wenn der Reis das Wasser aufgesaugt hat, Herdplatte ausschalten und Butter zum Reis geben.

Für den Dip Gurke schälen, der Länge nach halbieren und mit einem Löffel die Kerne entfernen. Gurke fein würfeln, mit Joghurt und Minzsauce mischen.

Koriander waschen, Blättchen von den Stängeln zupfen und fein hacken. Tomate waschen, halbieren, vom Stielansatz befreien und fein würfeln. Chicken Tikka masala auf 4 Tellern anrichten und Reis dazu reichen. Mit Korianderblättern, gewürfelten Tomaten, Limettenspalten und etwas Joghurtdip garniert servieren.

Gemüsecurry

FÜR 4 PERSONEN

FÜR DIE GRÜNE CURRYPASTE

1 Bund frischer Koriander
2 Knoblauchzehen
2 Schalotten
1 daumengroßes Stück frischer Ingwer
1 TL Chat masala
2 TL Garam Masala
½ TL Chilipulver
5 Kardamomkapseln
1 TL Kreuzkümmelsamen

1 Aubergine
1 kleiner Butternut-Kürbis (oder anderer Speisekürbis)
1 EL Butter
450 ml Pflanzenöl
3 Möhren
Salz
200 ml Gemüsebrühe (siehe Seite 231)
2 Zwiebeln
1 Prise Zucker
1 Brokkoli
1 Dose Kokosmilch (400 g)
200 g Erbsen
200 g Sojabohnen
2 Tassen Basmatireis

Für die Currypaste Koriander waschen und Blättchen von den Stängeln zupfen. Knoblauch, Schalotten und Ingwer schälen. Alle Zutaten für die Paste in der Küchenmaschine glatt pürieren. Beiseite stellen.

Aubergine vom Stielansatz befreien, waschen und der Länge nach halbieren. Auberginenhälften in 8 lange Streifen schneiden. Kürbis schälen, von den Samen befreien und in dünne Spalten schneiden.

Butter und 40 ml Pflanzenöl in einer großen beschichteten Pfanne erhitzen, Aubergine und Kürbis darin bei mittlerer Temperatur ca. 5 Minuten anbraten.

Currypaste zufügen und ca. 2 Minuten weiterbraten. Möhren schälen, waschen, der Länge nach halbieren und zugeben. Mit 1 Prise Salz würzen, Gemüsebrühe angießen und aufkochen. Bei niedriger Temperatur ca. 20 Minuten leise köcheln lassen.

Zwiebeln schälen und in dünne Ringe schneiden. 400 ml Pflanzenöl in einen tiefen Topf füllen (etwa ein Drittel hoch) und auf 160 °C erhitzen. Die Temperatur mit einem Backthermometer überprüfen. Alternativ kann man auch eine Knoblauchzehe in das heiße Pflanzenöl geben, wenn das Öl zu zischen beginnt, hat es die richtige Temperatur. Knoblauchzehe dann wieder herausnehmen.

Zwiebeln in das heiße Öl geben und goldgelb frittieren. Mit einem Schaumlöffel herausheben und auf Küchenkrepp abtropfen lassen. Den Topf mit dem heißen Öl abkühlen lassen.

Zwiebelringe mit Zucker und 1 Prise Salz bestreuen – diese Beilage nennt man „Tobacco Onions“.

Brokkoli in Röschen teilen und waschen. Brokkoli, Kokosmilch, Erbsen und Sojabohnen unter das Curry mischen, kurz aufkochen und einige Minuten weiterköcheln lassen.

4 Tassen Salzwasser in einem Topf erhitzen, Reis, restliches Pflanzenöl und 1 Prise Salz zufügen und alles aufkochen. Temperatur reduzieren und Reis zugedeckt ca. 10 Minuten köcheln lassen – Topfdeckel in dieser Zeit nicht abnehmen. Wenn das Wasser aufgesaugt ist, Herdplatte ausschalten. Reis mit einer Gabel auflockern und zugedeckt ca. 5 Minuten ruhen lassen.

Curry mit Salz abschmecken, kräftig umrühren und mit Reis und Zwiebeln servieren.

Lammkoteletts in feuriger Masalasauce

Das feinste Lamm der Welt, sanft gegart mit köstlichen Gewürzen – eines der besten Abendessen überhaupt.

FÜR 4 PERSONEN

16 magere Lammkoteletts, ca. 3 cm dick geschnitten
1 EL Chilipulver
Salz
frisch gemahlener schwarzer Pfeffer
2 Zwiebeln
1 ganze Knoblauchknolle
50 g Tomaten
50 g Butter
½ TL Chilipulver
1 Prise Kurkumapulver
1 Prise Kreuzkümmelpulver
1 Prise Korianderpulver
1 EL Joghurt
3 frische grüne Chilischoten
2 Zimtstangen
5 Gewürznelken
3 Lorbeerblätter
2 Kardamomkapseln
5 Trockenpflaumen (z. B. Kaschmiri-Pflaumen)
½ Bund frischer Koriander
Limetten- und Zitronenspalten

Lammkoteletts flach klopfen, damit das Fleisch schön zart wird, und auf einen Teller legen. Mit Chilipulver, Salz und Pfeffer bestreuen. Ca. 2 Stunden im Kühlschrank marinieren.

Zwiebeln und Knoblauch schälen und grob hacken. Zwiebeln und Knoblauch im Mixer pürieren. Püree in ein Schälchen füllen und beiseite stellen.

Tomaten ein paar Sekunden in kochendem Wasser blanchieren, häuten, halbieren, vom Stielansatz befreien und Fruchtfleisch im Mixer pürieren.

Etwas Butter in einer Pfanne erhitzen und Koteletts darin goldbraun anbraten. Koteletts herausnehmen, auf einen Teller legen und ruhen lassen.

Restliche Butter in die Pfanne geben und Knoblauchpüree darin unter Rühren glasig dünsten. Chilipulver, Kurkuma und einen Spritzer Wasser zufügen, damit die Gewürze nicht anbrennen. Pürierte Tomaten zugeben, ein paar Minuten anbraten, Kreuzkümmel und Koriander zufügen, die Sauce mit Salz und Pfeffer abschmecken. Joghurt untermischen.

Koteletts wieder in die Pfanne legen und mit Masalasauce bedecken. Chilischoten putzen, von den Samen befreien und fein hacken. Chilischoten, Zimtstangen, Nelken, Lorbeerblätter, Kardamomkapseln und Trockenpflaumen zufügen. Alles zugedeckt ca. 10 Minuten leise köcheln lassen, bis die Koteletts zart sind.

Koriander waschen, Blättchen von den Stängeln zupfen und fein hacken. Die Koteletts mit Koriander garnieren, dazu Zitronen- und Limettenspalten servieren.

Riesengarnelen mit Kartoffelpüree

FÜR 4 PERSONEN
3 große Kartoffeln
4 Riesengarnelen
½ EL Kurkumapulver
Salz
1 Spritzer Zitronensaft
Pflanzenöl
2 kleine Zwiebeln
4–5 Knoblauchzehen
1 Prise Zucker
3 Tomaten
1 EL Chilipulver
2 grüne Chilischoten
1 EL Senf
1 Dose Kokosmilch (400 g)
2 Stängel frischer Koriander
200 ml Milch
50 g Butter
3 Frühlingszwiebeln
1 EL Kreuzkümmelsamen
frisch gemahlener schwarzer Pfeffer

FÜR DAS SENFDRESSING
3–4 TL Senf
1 EL Honig
1 TL Zitronensaft
6 EL Olivenöl

Kartoffeln schälen und in Würfel schneiden. Salzwasser in einem Topf erhitzen und Kartoffeln darin ca. 20 Minuten bissfest kochen.

Garnelen schälen und vom Darm befreien. Garnelen in eine Schüssel legen, mit ¼ EL Kurkuma, etwas Salz und 1 Spritzer Zitronensaft mischen, ca. 5 Minuten ziehen lassen.

1 EL Pflanzenöl in einer Pfanne erhitzen, Garnelen darin ca. 1 Minute anbraten. Vom Herd nehmen und Garnelen auf einen Teller legen.

Zwiebeln und Knoblauch schälen. Zwiebeln fein würfeln, Knoblauch zerdrücken. Noch mal etwas Pflanzenöl und Zucker in die Pfanne geben. Vorsichtig erhitzen, Zwiebeln und Knoblauch zugeben und 1 Minute anbraten. Tomaten waschen, halbieren, vom Stielansatz befreien und würfeln. Zwei Drittel der Tomaten, restlichen Kurkuma und Chilipulver zufügen. Alles ein paar Minuten bei mittlerer Temperatur anbraten, bis eine glatte Paste entsteht.

Chilischoten putzen, von den Samen befreien und grob hacken. Chilischoten und Garnelen zu den Zwiebeln geben, 1 Minute unter ständigem Rühren braten. Senf und Kokosmilch zugeben. Mit Salz abschmecken und etwas Wasser angießen. Zugedeckt ca. 2–3 Minuten köcheln lassen. Koriander waschen, Blättchen von den Stängeln zupfen, fein hacken und über die Garnelen streuen.

Kartoffeln abgießen, mit Milch und der Hälfte der Butter mischen und alles zu Püree zerstampfen. Frühlingszwiebeln putzen, waschen und in dünne Ringe schneiden. Restliche Butter in einer Pfanne erhitzen und Frühlingszwiebeln darin ca. 1 Minute anbraten, restliche Tomate und Kreuzkümmelsamen zufügen und noch ca. 1 Minute unter Rühren kochen. Kartoffelpüree unterheben und alles gut mischen. Püree mit Salz und Pfeffer abschmecken und vom Herd nehmen.

Für das Dressing Senf, Honig, Zitronensaft und Olivenöl in einer Schüssel mischen.

Garnelen mit Kartoffelpüree und Dressing servieren, mit ein paar Blättern Eichblattsalat garnieren.

Karibisches Hähnchencurry

FÜR 4–8 PERSONEN
Salz
1 EL Weißweinessig
1 Suppenhuhn
1 Knoblauchknolle
1 Bund Frühlingszwiebeln
3 TL Kreuzkümmelsamen
2 EL Currypulver
2 TL getrockneter Thymian
1 TL Knoblauchpulver
3 Lorbeerblätter
½ TL Kurkumapulver
1 EL karibische Gewürzmischung (siehe Seite 91) oder ½ TL jamaikanischer Jerk Seasoning Mix
Saft von 1 Zitrone
250 g Weizenvollkornmehl
125 g Weizenmehl Type 405
1 Päckchen Backpulver
75 g mildes Madras-Currypulver
1,1 l Pflanzenöl
3 Kartoffeln
2 EL Kokosmilch
2 Brühwürfel für Hühnersuppe
½ Salatgurke
1 Zwiebel
250 ml Joghurt
3 Tassen Basmatireis

½ TL Salz und Essig in einer Schüssel mischen und so lange rühren, bis sich das Salz aufgelöst hat. Suppenhuhn in Stücke schneiden, in den Essigsud legen und ca. 10 Minuten marinieren.

Für die Gewürzmischung Knoblauch schälen und fein hacken. Frühlingszwiebel putzen, waschen und in dünne Ringe schneiden. 2 TL Kreuzkümmelsamen in einer trockenen Pfanne rösten. Knoblauch, Frühlingszwiebel, Kreuzkümmelsamen, 1 Prise Salz, Currypulver, getrockneten Thymian, Knoblauchpulver, Lorbeerblätter, Kurkumapulver, karibische Gewürzmischung und Zitronensaft mischen. Hähnchen aus der Essigmarinade nehmen, trocken tupfen und in die Gewürzmischung legen. Ca. 10–15 Minuten marinieren.

Für den Chapatiteig beide Mehlsorten, Backpulver und 1 Prise Salz in einer großen Schüssel mischen und mit etwas warmem Wasser zu einem glatten Teig verkneten. Zugedeckt ca. 10–15 Minuten gehen lassen.

Madras-Currypulver mit etwas Wasser zu einer glatten Paste anrühren. 100 ml Pflanzenöl in einem großen Topf erhitzen. Restliche Kreuzkümmelsamen, restlichen Knoblauch und Currypaste zufügen, bei mittlerer Temperatur zugedeckt ca. 2–3 Minuten anbraten. Hähnchenfleisch und Gewürzmischung zugeben, Deckel wieder aufsetzen und Temperatur reduzieren. Alles ca. 20 Minuten garen, wenn die Mischung zu trocken wird, etwas Wasser angießen.

Kartoffeln schälen und in Scheiben schneiden. Kartoffeln, Kokosmilch und Brühwürfel zufügen und zugedeckt ca. 30 Minuten weiterköcheln lassen.

Für das Raita Salatgurke schälen, der Länge nach halbieren, mit einem Löffel die Kerne entfernen und das Fleisch würfeln. Zwiebel schälen und in feine Ringe schneiden. Gurke, Zwiebel und Joghurt in einer Schüssel mischen.

12 Tassen Salzwasser in einem Topf erhitzen und Reis darin ca. 10 Minuten bissfest garen. Reis abgießen, wieder in den Topf füllen und warm stellen.

Chapatiteig in 12 Stücke teilen, mit Brotmehl bestäuben und zu dünnen Teigkreisen ausrollen. Restliches Pflanzenöl in einen tiefen Topf füllen (etwa ein Drittel hoch) und auf 160 °C erhitzen. Die Temperatur mit einem Backthermometer überprüfen. Alternativ kann man auch eine Knoblauchzehe in das heiße Pflanzenöl geben. Wenn das Öl zu zischen beginnt, hat es die richtige Temperatur. Knoblauchzehe dann wieder herausnehmen.

Chapatis portionsweise 1 Minute in das heiße Öl legen, wenden und eine weitere Minute frittieren. Herausnehmen und auf Küchenkrepp abtropfen lassen.

Curry mit Reis und zu Dreiecken gefalteten Chapatis servieren, Raita dazu reichen.

Grünes Hähnchencurry

FÜR 4 PERSONEN

Öl zum Einfetten
4 kleine Süßkartoffeln, geschält und in 2 cm dicke Scheiben geschnitten
2 EL Butter, zerlassen
100 g frisches Koriandergrün, grob gehackt
1 Bund Frühlingszwiebeln, in dünne Ringe geschnitten
5 frische scharfe rote Chilischoten, gehackt
4 Knoblauchzehen, geschält und gehackt
2 TL geriebener frischer Ingwer
1 TL Kreuzkümmelsamen
250 g griechischer Joghurt
1 Hähnchen, entbeint und in 3 cm große Würfel geschnitten
1 TL Garam Masala
1 TL Kurkumapulver
1 TL Salz
100 ml Crème double
100 g Nordseegarnelen, geschält

Den Ofen auf 180 °C (Gas Stufe 4) vorheizen. Ein Backblech einfetten und mit Alufolie belegen.

Die Süßkartoffeln mit 25 g Butter bestreichen, auf das vorbereitete Backblech legen und 40 Minuten im Ofen braten.

Koriander, den Großteil der Frühlingszwiebeln, Chilischoten, Knoblauch und Ingwer im Mixer zu einer Paste pürieren.

In einer großen, tiefen Pfanne die Kreuzkümmelsamen bei mittlerer Hitze rösten, dann die restliche Butter, Korianderpaste und 1 EL Joghurt hinzufügen. Köcheln lassen, bis sich das Fett an der Oberfläche absetzt. Hähnchen, Garam Masala, Kurkuma, Salz, 2 EL Joghurt und Crème double hinzufügen und alles bei schwacher Hitze 10 Minuten köcheln lassen. Die Nordseegarnelen dazugeben und alles noch 1 Minute köcheln lassen.

Die Süßkartoffeln in das Curry geben und mit den restlichen gehackten Frühlingszwiebeln bestreuen. Den Joghurt dazu reichen.

FISCH

GERICHTE

Dorade „Swanage Bay" mit Sardellenbutter

FÜR 2 PERSONEN

abgeriebene Schale und Saft von 2 unbehandelten Zitronen
2 Doraden (à ca. 275 g), küchenfertig
Salz
4 Stängel frischer Rosmarin
1 Dose Sardellen
1 Knoblauchzehe
75 g Butter, gewürfelt
100 g Mehl
frisch gemahlener schwarzer Pfeffer
2 EL Olivenöl

Backofen auf 120 °C (Gas Stufe ½) vorheizen. Schale von 1 Zitrone fein abreiben, Zitronenschale beiseite stellen. Zitrone auspressen.

Fisch in Abständen von 3 cm tief einschneiden, mit der Hälfte des Zitronensafts beträufeln und Saft kräftig einreiben. Fisch mit Salz bestreuen und ruhen lassen.

Für die Sardellenbutter Rosmarin waschen, Blättchen von den Stängeln zupfen und fein hacken. Sardellen abgießen. Knoblauch schälen und grob hacken. Rosmarin, Sardellen und Knoblauch im Mörser zu einer glatten Paste zerreiben. Zitronenschale, Butterwürfel und restlichen Zitronensaft zufügen. Alles zu einer lockeren Aromabutter verarbeiten.

Mehl in einen tiefen Teller sieben, mit 1 Prise Salz und Pfeffer mischen. Fisch im gewürzten Mehl wenden. Olivenöl in einer Pfanne erhitzen und Fisch darin bei mittlerer Temperatur ca. 5 Minuten auf jeder Seite anbraten.

Zweite Zitrone in Spalten schneiden. Dorade mit 1 EL Sardellenbutter und Zitronenspalten servieren.

Eds Tipp: Als Beilagen zu diesem Gericht eignen sich ideal gekochte neue Kartoffeln und in etwas Butter gedünstete Stangenbohnen.

Fischpastete mit Sahnesauce

FÜR 4–6 PERSONEN
1 Möhre
1 Stange Sellerie
1 kleine Zwiebel
450 ml Milch
10 schwarze Pfefferkörner
abgeriebene Schale von
1 unbehandelten Zitrone
1 Lorbeerblatt
1 TL Muskatnuss, gerieben
150 g Lachsfilet
150 g Kabeljaufilet
150 g geräuchertes Schellfischfilet
2 große Eier
500 g mehlig kochende Kartoffeln
Salz
125 g Butter
150 ml Crème double
1 Bund frische Petersilie
50 g Mehl
100 g geriebener Cheddar
Dijonsenf
weißer Pfeffer
12 rohe Tigergarnelen

Möhre und Sellerie schälen, waschen und fein würfeln. Zwiebel schälen und ebenfalls in feine Würfel schneiden. Möhre, Sellerie, Zwiebel, Milch, Pfefferkörner, Zitronenschale, Lorbeerblatt und Muskatnuss in einen Topf geben. Lachs, Kabeljau und Schellfisch in der Flüssigkeit bei niedriger Temperatur ca. 10 Minuten sanft pochieren. Herd ausschalten, Deckel auflegen und Fisch gar ziehen lassen.

In einem zweiten Topf Eier hart kochen, abkühlen lassen.

Abgekühlten Fisch herausnehmen und mit der Gabel zerpflücken. Pochierflüssigkeit über einem Sieb abgießen, auffangen und beiseite stellen.

Kartoffeln schälen. Salzwasser in einem Topf erhitzen und Kartoffeln darin bissfest kochen. Abgießen, 50 g Butter und 75 ml Crème double zufügen und alles zu Püree zerstampfen.

Für die Sahnesauce Petersilie waschen, Blättchen von den Stängeln zupfen und fein hacken. Restliche Butter zerlassen, Mehl zufügen und ca. 3–4 Minuten anschwitzen. Langsam restliche Crème double, Pochiermilch, Petersilie und 50 g Cheddar zufügen. Mit Dijonsenf und weißem Pfeffer abschmecken und Sauce weitere ca. 5–7 Minuten köcheln lassen.

Eier schälen. Sauce vom Herd nehmen, Fisch und Garnelen unterheben. Fisch und Eier in eine 20 x 25 cm große feuerfeste Form füllen.

Kartoffelpüree darüberstreichen und mit restlichem Käse bestreuen. Pastete ca. 20–25 Minuten bei 180 °C (Gas Stufe 4) im Ofen goldbraun backen.

Herausnehmen, kurz ruhen lassen, auf Teller verteilen und servieren.

Eds Tipp: Servieren Sie zu dieser Pastete gedünsteten Spinat und Ofentomaten. Die Tomaten mit etwas Olivenöl beträufeln und ca. 15 Minuten im Ofen braten. Den Spinat direkt vor dem Servieren 1 Minute in etwas Olivenöl andünsten.

Pochierter Schellfisch

FÜR 2 PERSONEN
1 Zwiebel
500 ml Milch
1 Lorbeerblatt
450 g geräuchertes Schellfischfilet
10 neue Kartoffeln
Salz
1 kleines Bund frischer Schnittlauch
200 ml Crème double
1 EL körniger Senf
frisch gemahlener schwarzer Pfeffer
1 EL Butter
200 g Spinat

Zwiebel schälen und halbieren. Zwiebelhälften, Milch und Lorbeerblatt in eine Pfanne geben und bei mittlerer Temperatur zum Sieden bringen. Schellfischfilet halbieren, mit der Haut nach oben in die Pfanne legen, mit Alufolie bedecken und ca. 5 Minuten pochieren.

Kartoffeln schälen und in Scheiben schneiden. Salzwasser in einem Topf erhitzen und Kartoffeln darin ca. 5 Minuten kochen.

Schellfisch aus der Milch heben, auf einen Teller legen und mit Alufolie bedecken.

Milch über einem Sieb abgießen, in einen Topf füllen und wieder erhitzen. Schnittlauch waschen und fein hacken. Schnittlauch, Crème double, Senf und 1 kräftige Prise Pfeffer zufügen und alles ca. 3–4 Minuten köcheln lassen.

Kartoffeln abgießen und zur Milch in den Topf geben. Vorsichtig umrühren.

Butter in einer Pfanne zerlassen. Spinat putzen, waschen und in der Butter ca. 1 Minute andünsten, bis er zusammenfällt.

Spinat auf zwei Teller verteilen. Mit einem Schaumlöffel die Kartoffeln aus der Sauce heben und auf dem Spinat anrichten. Schellfisch häuten, auf die Kartoffeln legen und alles mit etwas Sauce beträufeln.

Eds Tipp: Wer möchte, kann noch je ein pochiertes Ei über den Fisch legen.

Gegrillte Jakobsmuscheln mit Speckcroûtons

FÜR 2 PERSONEN
FÜR DIE SAUCE
Olivenöl
1 frischer Rosmarinzweig
50 g Pinienkerne
1 unbehandelte Zitrone
1 TL Kapern
2 Sardellenfilets
150 ml Tomatenpüree

250 g Spinat
1 Knoblauchzehe
50 g Butter
50 ml Crème double
2 EL geriebener Chester (oder alter Gouda)
Salz
frisch gemahlener schwarzer Pfeffer
1 EL Paniermehl
50 – 100 g durchwachsener Räucherspeck
4 Scheiben Weißbrot, gewürfelt
4 große Jakobsmuscheln

Backofen auf 180 °C (Gas Stufe 4) vorheizen.

Für die Sauce etwas Olivenöl in einer Pfanne erhitzen. Rosmarin waschen und Blättchen von den Stängeln zupfen. Pinienkerne in einer trockenen Pfanne rösten. Zitrone in Spalten schneiden. Rosmarin, Kapern und Sardellenfilets im heißen Öl anbraten, Tomatenpüree untermischen. Pinienkerne und Zitronenspalten zugeben und alles ca. 20 Minuten köcheln lassen.

Spinat putzen und waschen. Knoblauch schälen und zerdrücken. Butter in einer Pfanne erhitzen, Spinat und Knoblauch darin anbraten. Crème double und Käse unterheben, mit Salz und Pfeffer würzen. Spinat in eine kleine feuerfeste Form geben und mit Paniermehl bestreuen. 15 Minuten im Ofen backen.

Weißbrotwürfel mit dem Speck umwickeln und die Würfel abwechselnd mit den Jakobsmuscheln auf Spieße stecken. Mit etwas Olivenöl beträufeln, mit Salz und Pfeffer würzen. Spießchen auf einen Rost legen und im vorgeheizten Ofen mit der Grillfunktion von allen Seiten rösten.

Zum Servieren die Spieße entfernen, Jakobsmuscheln und Speckcroûtons auf einem großen Teller anrichten. Etwas Sauce darüberträufeln, Spinat dazu reichen.

Heilbutt mit Fenchel-Kartoffel-Auflauf

FÜR 4 PERSONEN
600 ml Fischfond (siehe Seite 230)
Saft von 1 Zitrone
25 ml trockener Wermut
(z. B. Noilly Prat)
3 Sternanis
1 kleines Bund frischer Oregano
250 g neue Kartoffeln
1 große Fenchelknolle
Salz
300 ml Crème double
100 g geriebener Cheddar
frisch gemahlener schwarzer Pfeffer
2 EL Mehl
4 Heilbuttfilets (à ca. 200 g)
2 EL Pflanzenöl
2 EL Butter
200 g grüne Bohnen
1 Stängel frische Minze
1 EL Essig
1 TL körniger Senf

Backofen auf 170 °C (Gas Stufe 3 ½) vorheizen.

Für die Sauce Fischfond, Zitronensaft, Wermut und Sternanis in einem kleinen Topf mischen und bei mittlerer Temperatur auf ein Fünftel reduzieren lassen. Oregano waschen und Blättchen von den Stängeln zupfen. Oregano zugeben.

Für den Auflauf Kartoffeln schälen, Fenchel putzen. Beides in dünne Scheiben schneiden. Salzwasser in einem Topf erhitzen, Kartoffeln und Fenchel darin ca. 5 Minuten kochen. Abgießen, Crème double und Käse unterheben, mit Salz und Pfeffer würzen. Die Mischung in eine ofenfeste Form geben, mit Alufolie bedecken und ca. 20 Minuten im Ofen backen.

Mehl mit Salz und Pfeffer mischen, Heilbuttfilets im gewürzten Mehl wenden.

Pflanzenöl und 10 g Butter in einer Pfanne erhitzen. Heilbuttfilets darin auf jeder Seite ca. 2 Minuten anbraten. Herdplatte ausschalten und Filets noch ca. 1 Minute in der Pfanne ruhen lassen.

Bohnen putzen und waschen. Salzwasser in einem Topf erhitzen und Bohnen darin kurz blanchieren. Minze waschen, Blättchen von den Stängeln zupfen und fein hacken. Bohnen abgießen, mit restlicher Butter, Minze, Essig und Senf mischen und nochmals erwärmen.

Fenchel-Kartoffel-Auflauf und Bohnen auf Tellern anrichten, Fisch darauflegen und mit etwas Sauce beträufeln.

Gebackene Kabeljausteaks mit Käsekruste

FÜR 4 PERSONEN
4 dicke Kabeljausteaks (à ca. 175 g)
1 TL Senf
2 Schalotten
10 Tomaten
1 Knoblauchzehe
1 EL Olivenöl
½ TL Zucker
2 EL Weißwein
Salz
frisch gemahlener schwarzer Pfeffer
1 Bund frische Petersilie
100 g Paniermehl
100 g geriebener Cheddar
110 g Butter
150 ml Hühnerfond (siehe Seite 230)
150 ml trockener Wermut
(z. B. Noilly Prat)
150 ml Crème double

Fisch auf einer Seite mit Senf bestreichen. In den Kühlschrank stellen und marinieren.

Schalotten und Knoblauch schälen und fein hacken. Tomaten kurz in siedendes Wasser tauchen, Haut abziehen, halbieren, von Stielansatz und Samen befreien und fein hacken. Olivenöl in einer großen Pfanne erhitzen, Hälfte der Schalotten und den Knoblauch darin glasig dünsten. Tomaten, Zucker und Weißwein zufügen und alles ca. 10 Minuten zu einer dicken Paste kochen. Mit Salz und Pfeffer würzen, beiseite stellen.

Für die Käsekruste Petersilie waschen, Blättchen von den Stängeln zupfen und hacken. Paniermehl und die Hälfte der Petersilie in der Küchenmaschine mischen. Käse und 50 g Butter zufügen, mit Salz und Pfeffer würzen. Mischung auf ein Backblech streichen und ca. 40 Minuten ins Tiefkühlfach stellen.

Backofen auf 200 °C (Gas Stufe 6) vorheizen. Fisch aus dem Kühlschrank nehmen. Käsekruste in vier Rechtecke schneiden (etwa dieselbe Größe wie die Fischsteaks). Auf die mit Senf bestrichene Seite der Fischsteaks eine Schicht Tomatenpaste streichen und ein Stück Käsekruste legen.

Eine feuerfeste Form mit 10 g Butter bestreichen. Steaks und restliche Schalotten in die gefettete Form legen, Hühnerfond und Wermut angießen.

Steaks ca. 6–7 Minuten im Ofen braten, herausnehmen und ruhen lassen.

Bratensaft aus der Form in einen Topf gießen, aufkochen und auf ein Drittel reduzieren lassen. Sauce durch ein Sieb passieren. Crème double zufügen, aufkochen und weiter reduzieren lassen, bis eine dicke Sauce entstanden ist. Restliche Butter unterschlagen, Sauce mit Salz und Pfeffer abschmecken und restliche Petersilie untermischen.

Zum Servieren Kabeljausteaks auf vier Teller verteilen und mit Sauce beträufeln.

Eds Tipp: Perfekte Beilagen zu diesem Fischgericht sind geschmorte neue Kartoffeln, grüne Bohnen und Brokkoli.

Seeteufel mit Tomaten-Erbsen-Concasse

FÜR 2 PERSONEN
1 TL Kreuzkümmelpulver
1 TL Selleriesalz
1 TL getrockneter Oregano
200 g Seeteufelfilet
1 EL Joghurt
1 EL Pesto

FÜR DAS CONCASSE
½ Zwiebel
1 Knoblauchzehe
50 g Chorizo
½ frische rote Chilischote
½ Salatherz
Olivenöl
2 EL Pernod
2 EL Weißwein
100 ml Fischfond (siehe Seite 230)
1 große Tomate
60 g Erbsen
1 TL Butter
1 kleines Bund frischer Majoran

Kreuzkümmel, Selleriesalz und Oregano mischen, Fisch mit der Gewürzmischung einreiben. Joghurt und Pesto in einer Schüssel mischen, in den Kühlschrank stellen.

Für das Concasse Zwiebel und Knoblauch schälen, Zwiebel fein würfeln, Knoblauch hacken. Chorizo in Scheiben schneiden. Chilischote putzen, der Länge nach halbieren, eine Hälfte von den Samen befreien und hacken. Salatherz in Spalten schneiden und waschen. Etwas Olivenöl in einer Pfanne erhitzen und Zwiebel darin ca. 1 Minute anbraten. Chorizo, Chili und Knoblauch zufügen, ca. 1 Minute weiterbraten. Salatherzen, Pernod und Weißwein zugeben. Mischung flambieren und mit Fischfond ablöschen. Aufkochen und auf die Hälfte reduzieren lassen.

Tomate am Stielansatz kreuzweise einschneiden, ca. 10 Sekunden in kochendes Wasser legen, herausheben und in Eiswasser tauchen. Haut abziehen, Tomate halbieren und kräftig ausdrücken, festes Fruchtfleisch hacken und beiseite stellen.

Salzwasser in einem Topf erhitzen und Erbsen darin kochen, beiseite stellen. Etwas Olivenöl in einem Topf erhitzen und Seeteufel darin ca. 5 Minuten anbraten, einmal wenden.

Majoran waschen, Blättchen von den Stängeln zupfen und fein hacken. Butter und Majoran in das Concasse geben, Erbsen und Tomaten untermischen. Topf vom Herd nehmen.

Seeteufelfilet in Scheiben schneiden, auf Tomaten-Erbsen-Concasse anrichten und Pestosauce dazu reichen.

Caspians Hummerlinguine

Das Leibgericht meines Sohns Caspian ... Genießen Sie die herrlichen Aromen mit einem Glas eiskaltem Weißwein.

FÜR 4 PERSONEN
Salz
1 Hummer (ca. 750 g)
1 Zwiebel
2 Knoblauchzehen
1 Möhre
1 Stange Sellerie
50 ml Olivenöl
2 Sardellenfilets
75 ml Weißwein
400 ml Tomatenpüree
abgeriebene Schale und Saft von
1 unbehandelten Zitrone
200 ml Fischfond (siehe Seite 230)
500 g Linguine (oder Spaghetti)
6 Basilikumblätter
frisch gemahlener schwarzer Pfeffer

Salzwasser in einem großen Topf erhitzen. Lebenden Hummer mit dem Kopf voran eintauchen und ca. 10 Minuten darin kochen. Herausnehmen, abkühlen lassen und der Länge nach halbieren.

Hummerfleisch aus dem Panzer lösen und auf einen Teller legen. Hummerscheren aufbrechen und Fleisch auslösen, zum Panzerfleisch auf den Teller legen. Panzer beiseite legen.

Arbeitsfläche gut abwischen, damit keine Schalensplitter in die Sauce gelangen. Hummerfleisch in dünne Scheiben schneiden, wieder auf den Teller legen und in den Kühlschrank stellen.

Zwiebel und Knoblauch schälen. Zwiebel fein würfeln, Knoblauch hacken. Möhre schälen und waschen, Sellerie putzen und waschen. Beides in feine Würfel schneiden.

25 ml Olivenöl in einem großen Topf (5 l oder größer) erhitzen. Gemüse und Knoblauch zugeben und bei mittlerer Temperatur unter ständigem Rühren anbraten. Sardellenfilets untermischen, Hummerpanzer zugeben und alles noch ca. 1 Minute weiterbraten.

Wein angießen und Sauce auf die Hälfte reduzieren lassen. Tomatenpüree zugeben, aufkochen und ca. 10 Minuten köcheln lassen. Zitronenschale, -saft und Fischfond angießen, ca. 10 Minuten weiterköcheln lassen.

4 l Salzwasser in einem Topf erhitzen und Linguine darin unter gelegentlichem Rühren 8 Minuten bissfest garen, abgießen.

Hummerpanzer aus der Sauce nehmen. Basilikum waschen, Blättchen von den Stängeln zupfen und hacken. Sauce mit Salz und Pfeffer abschmecken, restliches Olivenöl, Hummerfleisch und Basilikum unterheben, über die Linguine verteilen und untermischen.

Rochen mit Shrimps und Kapern

Rochen ist einer meiner absoluten Lieblingsfische, aber seltsamerweise ist er in Großbritannien nicht unbedingt sehr beliebt. Zugegeben, er hat lange, dünne, plastikartige Knochen und riecht manchmal leicht nach Ammoniak, aber wenn der Fisch erst einmal gegart ist, schmeckt er einfach köstlich. 90 Prozent der Rochen, die an der britischen Küste gefangen werden, gelangen auf den europäischen Kontinent. Im Südwesten Englands gibt es Rochen im Überfluss, die Art ist also nicht von Überfischung bedroht. Servieren Sie zu diesem Gericht neue Kartoffeln und knackiges grünes Gemüse.

FÜR 4 PERSONEN

50 g Hartweizenmehl
2 gehäufte EL Mehl
Salz
4 Stück Rochenflügel (à ca. 250 g), küchenfertig
100 g Butter
½ Bund frische Petersilie
1 EL Kapern
100 g Nordseekrabben
Saft von 1 Zitrone

Mehl und 1 kräftige Prise Salz auf einem Backblech mischen. Rochenflügel mehrmals darin wenden.

Backofen auf 180 °C (Gas Stufe 4) vorheizen.

Ein Backblech mit Alufolie auslegen und im Backofen vorwärmen (dies dient später zum Warmhalten der Rochenflügel, da Sie nicht alle vier Flügelstücke gleichzeitig zubereiten können).

Hälfte der Butter in einer Pfanne mit 30 cm Durchmesser erhitzen. Sobald die Butter Blasen wirft, zwei Fischstücke in die Pfanne legen und darin ca. 4 Minuten anbraten. Wenden und noch einmal ca. 4 Minuten weiterbraten.

Fisch auf dem vorbereiteten Backblech im Ofen warm halten. Restliche Flügelstücke in der restlichen Butter zubereiten. Rochen auf vier Teller verteilen. Petersilie waschen, Blättchen von den Stängeln zupfen und fein hacken. Petersilie, Kapern und Krabben in die Pfanne geben und kurz erwärmen, Zitronensaft zugeben.

Rochenflügel mit Shrimps, Kapern und reichlich Sauce servieren.

Knusprig gebratener Kabeljau mit Linseneintopf

FÜR 4 PERSONEN

FÜR DEN LINSENEINTOPF

100 g Puy-Linsen
Salz
700 ml Hühnerfond oder Gemüsebrühe (siehe Seite 230/231)
½ Zwiebel
2 große Kartoffeln
1 kleine Möhre
½ Stange Lauch
1 Stange Sellerie
6 EL Sherryessig
100 g kalte Butter

2 Eiweiß
8 EL Sahne
8 EL Mehl
4 TL Backpulver
1 TL Cayennepfeffer
1 TL getrockneter Thymian
1 TL weißer Pfeffer
1 TL Knoblauchpfeffer
4 Kabeljaufilets (à ca. 100 g)
1 l Pflanzenöl
2 Stängel frische Petersilie
1 unbehandelte Zitrone

Für den Eintopf Linsen unter fließendem Wasser abspülen, mit 1 TL Salz und Fond oder Gemüsebrühe aufkochen. 10 Minuten köcheln lassen.

Zwiebel, Kartoffeln und Möhre schälen. Lauch und Sellerie putzen und waschen. Gemüse fein würfeln und zu den Linsen geben, alles ca. 5 Minuten weiterkochen. Durch ein Sieb abgießen und in einen Topf geben. Essig zufügen und gewürfelte Butter untermischen. Warm halten.

Eiweiße steif schlagen und Sahne unterheben. Für die Kruste Mehl in eine flache Schüssel sieben, Backpulver, Cayennepfeffer, Thymian, weißen Pfeffer, Knoblauchpfeffer und 1 Prise Salz untermischen. Kabeljaufilets zuerst im Mehl wenden, in die Sahnemischung tauchen und noch einmal in Mehl wenden. Für eine dickere Kruste den Vorgang wiederholen.

Pflanzenöl in einen tiefen Topf füllen (etwa ein Drittel hoch) und auf 160 °C erhitzen. Die Temperatur mit einem Backthermometer überprüfen. Alternativ kann man auch eine Knoblauchzehe in das heiße Pflanzenöl geben, wenn das Öl zu zischen beginnt, hat es die richtige Temperatur. Knoblauchzehe dann wieder herausnehmen.

Backofen auf 120 °C (Gas Stufe ½) vorheizen. Vier Teller und ein mit Alufolie belegtes Backblech zum Vorwärmen in den Ofen stellen. Zwei Kabeljaufilets vorsichtig in das heiße Pflanzenöl tauchen und ca. 4 Minuten goldgelb und knusprig frittieren. Mit einem Schaumlöffel herausheben und auf Küchenkrepp abtropfen lassen. Auf den vorgewärmten Tellern im Ofen warm halten, bis alle vier Filets fertig frittiert sind.

Petersilie waschen, Blättchen von den Stängeln zupfen und fein hacken. Zitrone in Spalten schneiden. Linseneintopf auf Teller verteilen und je ein Kabeljaufilet darauflegen. Mit etwas Petersilie bestreuen und mit Zitronenspalten garnieren.

Gebratene Makrele mit Coleslaw (Krautsalat)

FÜR 4 PERSONEN
2 Kartoffeln
Salz
15 g karibische Gewürzmischung (siehe Seite 91)
Pflanzenöl
100 ml Milch
8 Makrelenfilets
1 große Möhre
1 große Zwiebel
½ Rotkohl
Saft von ½ Zitrone
2 EL Mayonnaise
1 Prise Cayennepfeffer
1 Rezept für Apfelkompott (siehe Seite 232)

Kartoffeln schälen. Salzwasser in einem Topf erhitzen und Kartoffeln darin ca. 10 Minuten kochen. Herausnehmen, kurz abkühlen lassen, in Scheiben schneiden und mit etwas Gewürzmischung bestreuen. 2 EL Pflanzenöl in einer Pfanne erhitzen und Kartoffeln darin goldbraun anbraten.

Restliche Gewürzmischung in eine flache Schüssel geben, Milch in eine zweite flache Schüssel füllen. Makrelenfilets zuerst in die Gewürzmischung, dann in die Milch und zum Schluss noch einmal in die Gewürzmischung tauchen. Pflanzenöl in einer Pfanne erhitzen und die Fischfilets darin auf beiden Seiten goldbraun anbraten.

Für das Coleslaw Möhre schälen und waschen. Zwiebel schälen. Möhre und Zwiebel raspeln. Rotkohl raspeln und waschen. Gemüse in eine Schüssel geben, Zitronensaft, Mayonnaise, Cayennepfeffer und 1 Prise Salz untermischen. Kartoffeln und Coleslaw auf vier Teller verteilen und jeweils zwei Makrelenfilets darauflegen. Mit einem Klacks Apfelkompott servieren.

Pochierter Steinbutt mit Venusmuschel-Safran-Stew

Eine selbst gemachte Sauce hollandaise ist der perfekte Begleiter für dieses einfache, aber besondere Gericht.

FÜR 2 PERSONEN
2 Schalotten
1 Knoblauchzehe
100 g frische Erbsen
1 kleines Bund frische Petersilie
Olivenöl
100 ml Weißwein
400 ml Fischfond (siehe Seite 230)
150 g Venusmuscheln
2 Steinbuttsteaks (à ca. 200 g), küchenfertig
1 Prise Safran

FÜR DIE SAUCE HOLLANDAISE
1 Eigelb
100 g Butter
Saft von ¼ Zitrone
1 TL Weißweinessig
Salz
frisch gemahlener schwarzer Pfeffer

Schalotten und Knoblauch schälen. Schalotten in dünne Ringe schneiden, Knoblauch hacken. Erbsen auslösen. Petersilie waschen, Blättchen von den Stängeln zupfen und fein hacken. Etwas Öl in einem großen Topf erhitzen, Schalotten und Knoblauch darin glasig dünsten. Erbsen und Weißwein zufügen und aufkochen. Fischfond, Muscheln, Steinbuttsteaks und Safran zugeben und alles ca. 5 Minuten köcheln lassen.

Für die Sauce hollandaise Eigelb und 1 EL Wasser mit dem Schneebesen verrühren. Butter zerlassen. Wenn sie sehr heiß ist und Blasen wirft, langsam unter ständigem Rühren angießen und untermischen. Zitronensaft und Essig unterheben. Sauce mit Salz und Pfeffer abschmecken.

Steinbutt, Muscheln und Safransud in Suppenschüsseln oder tiefe Teller füllen und mit Petersilie bestreuen. Sauce hollandaise dazu reichen.

TEATIME

Aprikosen-Himbeer-Scones

Als wir diese Scones für den Fotografen zubereiteten, konnte das Team gar nicht genug davon bekommen. Der Trick guter Scones besteht darin, die Himbeeren ganz am Schluss unterzumischen und danach sehr vorsichtig mit dem Teig umzugehen. Servieren Sie die Leckerei auf typisch englische Art mit Clotted cream und Brombeergelee oder einfach mit Schlagsahne.

FÜR 10–12 STÜCK
50 g getrocknete Aprikosen
225 ml Milch
500 g Mehl
1 Päckchen Backpulver
Salz
85 g Zucker
85 g Butterwürfel
Mehl für die Arbeitsfläche
50 g Himbeeren
1 Ei
Fett für die Form

Backofen auf 200 °C (Gas Stufe 6) vorheizen.

Getrocknete Aprikosen in Milch einweichen. Mehl, Backpulver und 1 Prise Salz in eine große Schüssel sieben. Zucker und Butter zufügen und alles mit den Händen zu einem glatten Teig verkneten.

Aprikosen und Milch langsam zugeben und die Mischung vorsichtig und nicht zu lange zu einem lockeren Teig kneten.

Teig auf einer bemehlten Fläche 4 cm dick ausrollen. Himbeeren über die eine Hälfte des Teigs streuen, zweite Hälfte darüberklappen und den Teig vorsichtig erneut ausrollen, sodass sich die Himbeeren in der Mitte befinden. Einen runden Plätzchenausstecher oder ein Glas leicht bemehlen und damit Kreise aus dem Teig ausstechen. Teig mit verquirltem Ei bepinseln.

Ein Backblech fetten und mit Mehl bestäuben. Scones im Backofen auf der mittleren Schiene ca. 20 Minuten goldbraun backen.

Honigbrot

Mit dieser Menge bekommen Sie einen sehr großen Laib Honigbrot, aber Sie werden sehen, dass dieses Brot so gut schmeckt, dass es schnell aufgegessen wird.

FÜR 1 LAIB HONIGBROT
1 kg Mehl
600 ml Mineralwasser
10 g frische Hefe
60 g Butter
3 große Eier
1 EL Salz
120 ml flüssiger Honig
Mehl für die Arbeitsfläche
Fett für die Form

Mehl, Mineralwasser und Hefe (siehe Tipp) in der Küchenmaschine mit dem Knethaken vermischen. Butter, Eier, Salz und Honig zufügen und alles mindestens 5 Minuten zu einem glatten Teig verkneten.

Teig auf einer bemehlten Arbeitsfläche zu drei Kugeln formen. Aus den Teigkugeln mit den Händen jeweils ca. 40 cm lange Stränge rollen. Die drei Teigstränge zu einem Zopf flechten.

Ein Backblech mit Backpapier auslegen, einfetten und mit Mehl bestäuben.

Brotlaib darauflegen, mit Mehl bestäuben und ein Stück Frischhaltefolie locker darüberlegen. Ca. 90 Minuten an einem warmen Ort gehen lassen.

Backofen auf 190 °C (Gas Stufe 5) vorheizen und Brot darin ca. 35–40 Minuten backen.

Eds Tipp: Sie können stattdessen auch eine Mischung aus 250 ml Sauerteigansatz (siehe Seite 208), 250 ml Mineralwasser und 5 g Hefe verwenden.

Schottische Pfannkuchen

Dazu passt gebratener Speck, aber auch Obst mit Sahne, Marmelade oder Gelee (einige Ideen finden Sie bei den Gelees und Marmeladen auf den Seiten 232–235).

FÜR 2 PERSONEN
100 g Mehl
1 TL Backpulver
Salz
2 EL Zucker
1 Ei
150 ml Milch
1 EL Pflanzenöl

Mehl, Backpulver, 1 Prise Salz und Zucker in eine Schüssel geben. In die Mitte eine Mulde drücken. Ei und 75 ml lauwarme Milch in die Mulde geben. Alles zu einem dicken Teig verkneten, restliche Milch untermischen.

Pflanzenöl in einer Pfanne erhitzen. 1 EL Teig zugeben und bei mittlerer Temperatur backen, bis der Teig Blasen wirft. Wenden und auf der anderen Seite noch ca. 30 Sekunden weiterbacken. Pfannkuchen bis zum Servieren auf ein sauberes Geschirrtuch legen und mit einem zweiten Tuch bedecken. So bleiben sie schön weich.

Nussbrot mit Rumrosinen

FÜR 1 LAIB NUSSBROT

125 ml brauner Rum oder Zuckersirup
75 g Sultaninen
400 g Weizenvollkornmehl
110 g Mehl
25 g frische Hefe oder 1 Päckchen Trockenhefe
1 EL Salz
Mehl für die Arbeitsfläche
75 g Walnüsse
50 g Mandelblättchen

Rum in einen Topf gießen. Sultaninen zufügen, aufkochen und ca. 2 Minuten köcheln.
Vom Herd nehmen und abkühlen lassen.

Mehl, Hefe, Salz, abgekühlten Rum oder Sirup und Sultaninen in einer Schüssel zu einem weichen Teig verarbeiten.

Teig auf einer bemehlten Arbeitsfläche ca. 5 Minuten mit den Händen kneten – weniger anstrengend ist es natürlich, den Teig mit den Knethaken in der Küchenmaschine zu verarbeiten. Teig wieder in die Schüssel geben, mit einem Stück Frischhaltefolie locker bedecken und an einem warmen Ort ca. 60 Minuten gehen lassen.

Backofen auf 200 °C (Gas Stufe 6) vorheizen.

Walnüsse und Mandelblättchen in den Teig kneten und aus dem Teig einen Brotlaib formen. Mit einem scharfen Messer den Laib in der Mitte der Länge nach einschneiden.

Nussbrot noch ca. 30 Minuten auf einem bemehlten Backblech gehen lassen, dann in ca. 30 Minuten im Ofen goldbraun backen. Herausnehmen und auf einem Kuchengitter abkühlen lassen.

Ingwerbrot

FÜR 1 LAIB INGWERBROT
100 g Margarine
175 g dunkler Rübensirup
50 g Golden Syrup oder heller Zuckerrohrsirup
150 ml Milch
2 Eier
225 g Mehl
50 g Zucker
1 TL Mixed spice (oder Lebkuchengewürz)
1 TL Backpulver
2 TL Ingwerpulver
Fett für die Form

Backofen auf 155 °C (Gas Stufe 2½) vorheizen.

Margarine, Rübensirup und Zuckerrohrsirup in einem Topf erwärmen. Milch angießen, abkühlen lassen.

Eier unter die Sirupmischung heben. Mehl, Zucker, Gewürze, Backpulver und Ingwerpulver in eine Schüssel sieben und mit einem Metalllöffel verrühren.

Ein tiefes quadratisches Backblech von 18 oder 20 cm Seitenlänge einfetten und mit Backpapier auslegen. Teig einfüllen und Ingwerbrot auf der mittleren Schiene im Ofen ca. 75–90 Minuten backen.

Pfundkuchen

Dieser traditionelle Kuchen verdankt seinen Namen der Zubereitung: ein englisches Pfund von jeder Zutat und ungefähr 8 Eier. Ich habe die Mengen halbiert, und dennoch reicht dieser Kuchen für eine ganze Familie, und es bleibt sogar noch etwas für den nächsten Tag übrig.

FÜR 1 KUCHEN
225 g Butter
225 g Zucker
4 Eier
110 g Sultaninen
110 g Korinthen
abgeriebene Schale von 1 großen unbehandelten Zitrone
50 g Zitronat
2 EL Brandy
225 g Mehl
½ TL Salz
Fett für die Form

Backofen auf 170 °C (Gas Stufe 3 ½) vorheizen.

Butter und Zucker schaumig rühren. Eier einzeln zufügen und gut untermischen.

Sultaninen, Korinthen, Zitronenschale, Zitronat und Brandy unterheben und vorsichtig verrühren.

Gesiebtes Mehl und Salz mit einem Metalllöffel untermischen. Eine runde Springform mit 20 cm Durchmesser einfetten und mit Backpapier auslegen. Teig in die Form füllen und Kuchen ca. 2½–3 Stunden backen.

Fairy Cakes

Die Bäckerei „Hummingbird" in London hat mit den hübschen kleinen Fairy Cakes ein kleines Vermögen gemacht. Sie schmecken mit und ohne Buttercremeglasur einfach köstlich.

FÜR 24 STÜCK
110 g Margarine oder weiche Butter
110 g Zucker
½ TL Vanillearoma
2 Eier
225 g Mehl
2 TL Backpulver
Salz
4 EL Vollmilch

Für die Buttercremeglasur (nach Belieben)
50 g Butter
275 g Puderzucker
½ TL Vanillearoma

Backofen auf 190 °C (Gas Stufe 5) vorheizen.

Butter oder Margarine im Mixer schaumig rühren, Zucker langsam einrieseln lassen, Vanillearoma zufügen.

Abwechselnd Eier und 1 EL Mehl zugeben und untermischen. Restliches Mehl, Backpulver und 1 Prise Salz unterrühren. Milch esslöffelweise hinzufügen und zu einem glatten Teig verarbeiten.

24 Papierschälchen auf ein Backblech setzen und zwei Drittel hoch mit Teig füllen. Fairy Cakes ca. 15–20 Minuten im Ofen backen. Herausnehmen und auf einem Kuchengitter abkühlen lassen.

Zutaten für die Glasur mischen und schaumig rühren. Fairy Cakes damit verzieren.

Früchtekuchen

Genau das Richtige zu einer heißen Tasse Tee.

FÜR 1 FRÜCHTEKUCHEN
Fett für die Form
450 g gemischte Trockenfrüchte
25 g Backpulver
75 g weiche Butter
175 g Zucker
1 Ei
275 g Mehl
Salz
4 Tropfen Mandelaroma
3 EL Rum
1 EL Rohrohrzucker

Backofen auf 180 °C (Gas Stufe 4) vorheizen. Eine 20 cm lange Kastenform einfetten.

Trockenfrüchte in einen Topf geben, mit Wasser bedecken, aufkochen und ca. 5 Minuten leise köcheln lassen. Vom Herd nehmen und abkühlen lassen, Backpulver zufügen.

Butter und Zucker schaumig rühren, Ei zugeben und kräftig vermischen. Mehl, Salz, Mandelaroma und Trockenfrüchte untermischen. Teig in die Kuchenform füllen und ca. 60 Minuten im Ofen backen.

Backofentemperatur auf 140°C (Gas Stufe 1) reduzieren und Kuchen noch ca. 90 Minuten weiterbacken. Herausnehmen, mit Rum beträufeln und mit Rohrzucker bestreuen.

DESSERTS

Gedämpfter Sponge Pudding mit Blaubeeren

Sponge Pudding mit Sirup, Englischer Creme und Sahne gehört zu meinen absoluten Lieblingsdesserts. Ich habe das traditionelle Rezept etwas abgewandelt, indem ich Blaubeeren zugebe – es ist ein herrliches Gefühl, wenn die Blaubeeren im Mund zerplatzen, während man in den warmen Teig beißt.

FÜR 4 PERSONEN
50 g weiche Butter
75 g Zucker
2 Eier
100 g Mehl
1 EL Backpulver
2 EL Milch
150 g Blaubeeren
Fett für die Form
Golden Syrup oder heller Zuckerrohrsirup
Englische Creme (siehe Seite 195)

Butter und Zucker in einer Schüssel weiß und schaumig rühren. (Die Butter muss wirklich fast weiß sein, sonst geht der Pudding später nicht richtig auf.) Eier zugeben.

Mehl und Backpulver darübersieben und alles gut mischen. Milch unterrühren und Blaubeeren vorsichtig untermischen – sie sollten möglichst ganz bleiben.

Eine Puddingform einfetten und mit Teig füllen. Form mit Backpapier bedecken, in das Papier eine Falte knicken, damit der Pudding noch aufgehen kann. Mit Alufolie locker bedecken und Folie am Rand mit einer Schnur festbinden.

Einen Dämpftopf oder einen großen Topf mit gut schließendem Deckel so hoch mit Wasser füllen, dass die Puddingform nur noch 2 cm über die Wasseroberfläche herausragt. Pudding zugedeckt ca. 60 Minuten dämpfen oder ca. 45 Minuten kochen.

Puddingform vorsichtig aus dem Wasserbad heben, Alufolie und Backpapier entfernen und Pudding mit einem Messer aus der Form lösen. Einen Teller umgedreht auf die Puddingform legen und den Pudding aus der Form auf den Teller stürzen. Puddingform abnehmen und den Pudding mit reichlich Golden Syrup und Englischer Creme servieren.

Eds Tipp: Für dieses Rezept können Sie auch jede andere Beerensorte verwenden oder Schokoladen- oder Marzipanstücke in den Teig geben.

Statt Golden Syrup können Sie den Pudding auch mit angewärmter Marmelade oder Ahornsirup servieren.

Brombeer-Mandelcreme-Tarte

FÜR 6 PERSONEN
225 g Brombeeren
25 ml Kirschwasser
400 g süßer Mürbeteig (siehe Seite 223)
Mehl für die Arbeitsfläche
2 Eier
70 g Zucker
50 g Puderzucker
100 g Butter
1 Prise Salz
100 g gemahlene Mandeln
3 EL Mandelblättchen
Clotted Cream oder Sahne

Brombeeren in Kirschwasser legen und ziehen lassen.

Backofen auf 180 °C (Gas Stufe 4) vorheizen.

Mürbeteig auf einer bemehlten Fläche ausrollen und eine Tarteform mit 25 cm Durchmesser damit auslegen. Mit Backpapier bedecken, getrocknete Bohnen darauf verteilen und Teigboden ca. 20 Minuten blind backen, herausnehmen und ruhen lassen. Backofen nicht ausschalten.

Für die Füllung Eier, 50 g Zucker, Puderzucker, Butter und Salz mit dem Handrührgerät schaumig rühren. Gemahlene Mandeln untermischen. Füllung in den Tarteboden geben und ganze Brombeeren hineindrücken. Mit Mandelblättchen und restlichem Zucker bestreuen.

Tarte ca. 30 Minuten backen. Herausnehmen und abkühlen lassen. Tarte mit etwas Clotted Cream oder Sahne servieren.

Eton Mess

FÜR 4 PERSONEN
4 Eiweiße
275 g Zucker
½ TL Essig
150 g Himbeeren (oder andere Beeren nach Wahl)
250 g Erdbeeren
400 ml Crème double

Backofen auf niedrigste Temperatur einstellen.

Ein Backblech mit Backpapier auslegen. In einer sauberen Schüssel Eiweiße und 2 EL Zucker mit dem Handrührgerät zu weichem Eischnee schlagen.

Nach 2 Minuten 200 g Zucker zugeben, 50 g Zucker für später aufheben. Eischnee sehr steif schlagen – der häufigste Fehler bei der Zubereitung von Baiser besteht darin, dass der Eischnee nicht steif genug geschlagen wird.

Essig vorsichtig unter den Eischnee ziehen. Mit einem Esslöffel kleine Baiserhäufchen auf das vorbereitete Backblech setzen und ca. 2–3 Stunden im Backofen trocknen lassen.

Herausnehmen und abkühlen lassen.

Beeren putzen und waschen. Erdbeeren vierteln. Crème double mit restlichem Zucker steif schlagen – aber nicht zu lange schlagen, sonst wird sie zu Butter. Beerenmischung unterheben und die Creme in den Kühlschrank stellen.

Abgekühlte Baisers in Stücke brechen und in eine große Schüssel geben. Beeren und Sahne darüber verteilen und alles vorsichtig mischen.

Zum Servieren Eton Mess in große Gläser füllen.

Apfel-Pflaumen-Crumble mit Ripple-Eiscreme

FÜR 4 PERSONEN

FÜR DIE RIPPLE-EISCREME

500 ml Crème double
500 ml Milch
Mark von 1 Vanilleschote
300 g brauner Zucker
10 Eigelb
500 g entsteinte Pflaumen
Saft von 1 Zitrone

3 große Granny-Smith-Äpfel
150 g Zucker
230 g Butter
150 g Mehl
50 g gehackte Haselnüsse

Für die Eiscreme Crème double, Milch, Vanillemark und 1 EL braunen Zucker in einem Topf erhitzen. Mit dem Handrührgerät Eigelbe und 150 g braunen Zucker schaumig rühren, heiße Milchmischung langsam unterrühren. Alles in einen Topf füllen und Creme sanft erhitzen, bis sie am Holzkochlöffel haften bleibt. In eine Schüssel füllen und ca. 30 Minuten in den Kühlschrank stellen.

Pflaumen mit restlichem braunem Zucker, Zitronensaft und 100 ml Wasser in einem Topf erhitzen, bis die Pflaumen zerfallen. Noch heiß mit dem Stabmixer pürieren. Eine Hälfte der Mischung ca. 20 Minuten in den Kühlschrank stellen, die andere Hälfte beiseite stellen.

Backofen auf 180 °C (Gas Stufe 4) vorheizen.

Äpfel schälen, halbieren, vom Kerngehäuse befreien und in Würfel schneiden. Apfelwürfel in Zucker wenden und in 30 g Butter anbraten. Für den Crumble-Belag restliche Butter, Zucker und Mehl in einer Küchenmaschine zu einer krümeligen Masse verarbeiten. Gebratene Äpfel mit dem lauwarmen Pflaumenpüree mischen und auf Soufflé-Förmchen verteilen. Crumble-Mischung darüber verteilen und ca. 20 Minuten im Ofen backen.

Eiscreme ca. 20 Minuten in der Eismaschine gefrieren lassen.

Hälfte des gekühlten Pflaumenpürees in die Eiscreme geben, kurz untermischen und Eiscreme ins Tiefkühlfach stellen. Crumbles mit Haselnüssen bestreuen und noch ca. 5 Minuten weiterbacken.

Crumbles in den Förmchen servieren und einen großen Löffel Eiscreme daraufsetzen.

Rhabarber-Brotpudding

Versuchen Sie, für dieses Rezept Milch und Sahne frisch von einem Bauernhof in Ihrer Nähe zu bekommen – der Brotpudding und die Eiscreme werden dadurch umso aromatischer.

FÜR 6 PERSONEN
FÜR DIE VANILLE-ZIMT-EISCREME
1 Zimtstange
500 ml Milch
1 Vanilleschote
500 g Sahne
10 Eigelb
225 g Zucker

1 kg Rhabarber
170 g Vanillezucker (siehe Tipp)
500 ml Milch
500 ml Crème double
Salz
1 Vanilleschote
4 Eier
170 g Zucker
Fett für die Form
1 Laib weiches Weißbrot
Butter

Für die Eiscreme Zimtstange im Mixer grob hacken. Zimt, Milch und aufgeschnittene Vanilleschote in einen Topf geben, aufkochen und Sahne zufügen. Vom Herd nehmen und Mischung ca. 25–30 Minuten ziehen lassen.

Eigelbe und Zucker weiß und schaumig rühren. Abgekühlte Milchmischung zugeben und mit dem Schneebesen kräftig unterrühren. Alles wieder in den Topf füllen und Creme sanft erhitzen, bis sie am Holzkochlöffel haften bleibt.

Plastikschüssel in Eiswasser stellen und Creme durch ein Sieb in die Schüssel streichen. Creme ca. 40 Minuten in der Eismaschine gefrieren lassen.

Rhabarber putzen, waschen und in 2 cm große Stücke schneiden, mit 150 g Vanillezucker ca. 15 Minuten köcheln lassen, bis der Rhabarber weich und saftig ist.

Vom Herd nehmen, das Ganze über einem Sieb abtropfen lassen, Flüssigkeit auffangen und ca. 30 Minuten abkühlen lassen. Rhabarbersaft als Grundlage für die Fruchtsauce aufheben.

Milch und Crème double verrühren, 1 Prise Salz zufügen. Vanilleschote der Länge nach aufschneiden und Mark herauskratzen. Vanillemark und -schote in die Milch geben. Kurz aufkochen, vom Herd nehmen und ca. 10–15 Minuten ziehen lassen.

Eier und Zucker in einer Schüssel weiß und schaumig rühren. Vanillemilch durch ein Sieb in die Zucker-Eier-Mischung passieren. Gut unterrühren.

Eine rechteckige oder quadratische feuerfeste Form (ca. 24 x 24 x 5 cm) einfetten und eine dünne Schicht Rhabarber darauf verteilen.

Weißbrot in Scheiben schneiden, von der Rinde befreien, in Dreiecke schneiden und mit Butter einstreichen. Mit der Butterseite nach unten dachziegelartig auf den Rhabarber legen. Eine weitere Schicht Rhabarber und eine weitere Schicht Brotscheiben darüberlegen, aber diesmal mit der Butterseite nach oben.

Vanillecreme vorsichtig auf der Brotschicht verteilen, bis die Backform bis zum Rand mit Creme gefüllt ist. Brotpudding mindestens 30 Minuten ruhen lassen.

Backofen auf 170 °C (Gas Stufe 3½) vorheizen.

Einen großen Bräter zur Hälfte mit kochendem Wasser füllen. Backform mit dem Pudding hineinstellen. Brotpudding mit restlichem Vanillezucker bestreuen und ca. 25 Minuten backen.

Für die Rhabarbersauce Rhabarbersaft in einem Topf aufkochen und auf die Hälfte reduzieren lassen. Abkühlen und zum Brotpudding servieren.

Eds Tipp: Werfen Sie ausgekratzte Vanilleschoten nicht weg, sondern legen Sie diese in eine Zuckerdose. So erhalten Sie echten Vanillezucker.

Dattelpudding mit Toffeesauce

Ich würde diesen köstlichen Pudding mit einem Klecks Crème fraîche servieren.

FÜR 6 PERSONEN
100 g getrocknete Datteln
½ TL Vanillearoma
1 ½ EL weiche Butter
65 g Rohrohrzucker
1 Ei
1 TL brauner Rübensirup
75 g Mehl
1 TL Backpulver
Salz
60 ml Milch
Fett für die Form

FÜR DIE TOFFEESAUCE
1 EL Butter
75 g brauner Zucker
120 ml Crème double
1 EL brauner Rübensirup

Backofen auf 180 °C (Gas Stufe 4) vorheizen.

Datteln hacken. In einer kleinen Schüssel die Trockenfrüchte und das Vanillearoma mit 100 ml kochendem Wasser übergießen und ca. 5 Minuten einweichen, abgießen und Datteln zu Püree zerdrücken.

Butter und Zucker schaumig rühren. Ei und Rübensirup zugeben.

50 g Mehl, Backpulver und 1 Prise Salz untermischen. Hälfte der Milch zugießen und verrühren. Restliches Mehl und restliche Milch unterrühren, bis ein glatter Teig entsteht. Datteln in den Teig mischen, alles in gefettete Soufflé-Förmchen füllen und ca. 20–25 Minuten backen.

Für die Toffeesauce Butter, braunen Zucker und die Hälfte der Crème double in einem Topf aufkochen. Ca. 5 Minuten leise köcheln lassen, bis der Zucker aufgelöst ist. Rübensirup zufügen und Sauce unter Rühren bei mittlerer Temperatur köcheln lassen, gelegentlich umrühren. Vom Herd nehmen und restliche Crème double unterheben.

Dattelpudding auf einen Teller stürzen und Toffeesauce darüber verteilen.

Spotted Dog mit Rum und Früchten

Dieses Rezept ist eine Abwandlung des traditionellen englischen Puddings „Spotted Dick". Ich habe mich von der englischen Marine inspirieren lassen, wie man an der großen Menge braunem Rum unschwer erkennen kann.

FÜR 6 PERSONEN
50 g Trockenpflaumen
50 g Rosinen
50 g getrocknete Kirschen
200 ml Rum
abgeriebene Schale von ½ unbehandelten Zitrone
300 g Mehl
3 TL Backpulver
150 g Palmfett
75 g Zucker
225 ml Milch
Fett für die Form
600 ml Englische Creme (siehe Seite 195)

Trockenpflaumen hacken und mit restlichen Früchten mischen. Rum und Zitronenschale mischen und Früchte darin ca. 30 Minuten einweichen.

Für den Pudding gesiebtes Mehl, Backpulver, gehacktes Palmfett und Zucker in einer großen Schüssel mischen. Milch zufügen und alles zu einem glatten Teig verrühren.

Eingeweichte Früchte über einem Sieb abtropfen lassen, aromatisierten Rum für die Englische Creme in einer Schüssel auffangen. Früchte in den Puddingteig mischen.

Eine Puddingform einfetten und Teig einfüllen. Form mit Backpapier und Alufolie bedecken und Folie mit einer Schnur festbinden. Einen Dämpftopf oder einen großen Topf mit gut schließendem Deckel so hoch mit Wasser füllen, dass die Puddingform nur noch 2 cm über die Wasseroberfläche hinausragt. Pudding zugedeckt ca. 60 Minuten dämpfen oder ca. 45 Minuten kochen.

Englische Creme zubereiten, dabei 2 EL Rum zusammen mit der Milch und der Sahne in die Eigelbmischung geben.

Puddingform vorsichtig aus dem Wasserbad heben. Alufolie und Backpapier entfernen und Pudding mit einem Messer aus der Form lösen. Einen Teller umgedreht auf die Puddingform legen, Pudding aus der Form auf den Teller stürzen und Puddingform abnehmen.

Pudding mit Englischer Creme servieren.

Schokoschnitten

FÜR 4 PERSONEN
300 g dunkle Schokolade
225 g Butter
75 g Mehl
1 TL Backpulver
200 g Milchschokolade, gehackt
180 g Walnüsse, gehackt
3 Eier
225 g Zucker
Öl oder Butter, zum Einfetten
frische Himbeeren, zum Servieren
Clotted Cream oder Schlagsahne, zum Servieren
frische Minzeblätter, zum Servieren
Puderzucker, zum Bestäuben

Den Ofen auf 180 °C (Gas Stufe 4) vorheizen.

Die dunkle Schokolade im Wasserbad schmelzen, die Butter unterrühren und noch kurz erhitzen, bis sie zerlassen ist. Vom Herd nehmen.

Mehl, Backpulver, Milchschokolade und Nüsse mischen.

In einer zweiten Schüssel Eier und Zucker schaumig rühren. Die Schokoladenbutter dazugeben und gut untermischen, dann die Mehlmischung hinzufügen und alles zu einem glatten Teig rühren.

Ein Backblech einfetten und mit Backpapier belegen. Den Teig darauf verstreichen. 30–40 Minuten im Ofen backen. Herausnehmen und 1 Stunde abkühlen lassen. Den Kuchen in Rechtecke schneiden. Die Schokoschnitten mit Clotted Cream oder Schlagsahne, Himbeeren und Minzeblättern garnieren und mit etwas Puderzucker bestreuen.

Aprikosenpudding mit Sponge Drops

Dieser einfache Pudding erinnert von der Konsistenz an ein Gelee, wird aber mit Sahne hergestellt.

FÜR 4 PERSONEN
3 Eier, getrennt
75 g Zucker
1 EL Zitronensaft
2 Blätter Gelatine
150 g Crème double
200 g Aprikosen, püriert

FÜR DIE SPONGE DROPS:
2 Eier
50 g Zucker
3 ½ EL Mehl
4 TL Maisstärke

Eigelbe, Zucker und Zitronensaft in einer Schüssel im Wasserbad sanft erhitzen und zu einer dickflüssigen Creme verrühren.

Die Gelatine in 2 EL Wasser auflösen. Die Eigelbmischung hinzufügen und alles mit einem Schneebesen glatt rühren. Die Sahne steif schlagen und untermischen, dann die pürierten Aprikosen hinzufügen.

Die Eiweiße in einer sauberen Schüssel steif schlagen. Den Eischnee unter die Aprikosencreme ziehen. Die Creme 4 Stunden im Kühlschrank fest werden lassen.

Für die Sponge Drops den Ofen auf 180 °C (Gas Stufe 4) vorheizen. Ein Backblech mit Backpapier belegen.

Eier und Zucker schaumig rühren, dann das Mehl und die Maisstärke untermischen. Mit einem Teelöffel kleine Teighäufchen auf das Backblech setzen. 3 Minuten backen, dann abkühlen lassen.

Die Sponge Drops auf einem Teller zusammen mit dem Pudding anrichten und servieren.

Traditionelle Apple Pie

Hier kommt ein richtig altmodisches Rezept für den Klassiker Apple Pie – einfach herrlich mit einer großen Portion Sahne.

FÜR 6 PERSONEN
900 g Äpfel (z. B. Bramley)
Salz
175 g Mehl
1 Msp. Backpulver
85 g Margarine
85 g Butterschmalz oder Palmfett
300 ml Milch
2 TL Quittengelee
Zitronensaft
Zucker
Mehl für die Arbeitsfläche
Fett für die Form

Äpfel schälen, halbieren, vom Kerngehäuse befreien und in Würfel schneiden. Äpfel und 1 Prise Salz in eine Schüssel mit Wasser geben, damit sie nicht braun werden.

Für den Teig Mehl, Backpulver und 1 Prise Salz in eine Schüssel sieben. Margarine und Butterschmalz bzw. Palmfett zufügen und alles mit einem Messer gut mischen. Milch langsam zufügen und rühren, bis ein glatter Teig entsteht. Teig nicht mit den Händen kneten, sondern nur mit dem Messer mischen. Der Teig sollte elastisch und nicht zu feucht oder zu trocken sein. Teig ca. 30 Minuten im Kühlschrank ruhen lassen.

Äpfel abgießen. Zusammen mit dem Gelee in einem Topf erhitzen und bei mittlerer Temperatur ca. 10 Minuten leise köcheln lassen. Zitronensaft und Zucker nach Belieben zufügen. Beiseite stellen und abkühlen lassen.

Zwei Drittel des Teigs auf einer bemehlten Arbeitsfläche zu einem Rechteck ausrollen. Die beiden äußeren Drittel des Rechtecks nach innen einfalten, Teig um 90° wenden und einrollen. Den Falt- und Rollvorgang noch zweimal wiederholen. Beim Rollen nicht allzu kräftig drücken, sonst wird der Teig biskuitartig.

Backofen auf 210 °C (Gas Stufe 6½) vorheizen.

Eine runde Pieform mit 22 cm Durchmesser einfetten. Teig ausrollen und die Form damit auslegen. Überstehende Teigränder abschneiden und für den Teigdeckel beiseite legen.

Äpfel in die Mitte des Teigbodens geben, dabei außen einen kleinen Rand frei lassen. Teigrand mit Milch bestreichen. Aus den Teigresten einen Piedeckel rollen, auf die Apfelfüllung setzen und in der Mitte einschneiden. Teigränder einfalten und zusammendrücken. Teigdeckel mit Milch bestreichen und mit Zucker bestreuen.

Pie ca. 20–25 Minuten im Ofen goldbraun backen. Es ist wichtig, dass der Teig nicht zu kurz gebacken wird.

Pie in Stücke schneiden und servieren.

Eds Tipp: Die benötigte Menge an Marmelade, Zitronensaft und Zucker hängt vom Säuregehalt der verwendeten Äpfel ab. Probieren Sie unbedingt die Füllung und erhöhen Sie die Menge der übrigen Zutaten, falls nötig, bevor Sie die Piefüllung auf den Teigboden geben.

Hausgemachte Bakewell-Tarte

FÜR 6 PERSONEN
400 g süßer Mürbeteig (siehe Seite 223)
Mehl für die Arbeitsfläche
Fett für die Form
50 g Himbeermarmelade
3 Eier
110 g brauner Zucker
110 g zerlassene Butter
110 g gemahlene Mandeln
25 g Marzipan
1 TL Amaretto
50 g Mandelblättchen

Backofen auf 180 °C (Gas Stufe 4) vorheizen.

Mürbeteig auf einer bemehlten Arbeitsfläche ausrollen und eine gefettete flache Springform mit 25 cm Durchmesser damit auslegen. Überstehende Teigränder abschneiden, Teigboden am Rand mit den Fingern wellenförmig eindrücken.

Marmelade mit 3 EL Wasser in einem Topf erhitzen, durch ein Haarsieb streichen und gleichmäßig auf dem Teigboden verteilen.

Eier und Zucker schaumig rühren, zerlassene Butter, Mandeln, geriebenes Marzipan und Amaretto untermischen. Masse auf den Teigboden geben und Tarte ca. 15–20 Minuten im Ofen backen. Mandelblättchen darüberstreuen und Tarte nochmals ca. 15–20 Minuten backen.

Herausnehmen, abkühlen lassen, in große Stücke schneiden und servieren.

Englische Creme

FÜR 600 ML
1 Vanilleschote
300 ml Milch
1 1/2 Crème double
4 Eigelb
3 EL Zucker

Vanilleschote der Länge nach aufschneiden und Mark herauskratzen. Milch, Crème double, Vanillemark und -schote in einem kleinen Topf mischen, kurz aufkochen und sofort vom Herd nehmen.

Eigelbe und Zucker in einer feuerfesten Schüssel mischen. Unter ständigem Rühren die heiße Vanillemilch zugießen.

Creme im Wasserbad unter ständigem Rühren andicken lassen, bis sie am Holzkochlöffel haften bleibt. Zum Servieren in eine Saucière füllen.

Cloutie Dumpling

„Cloutie" bedeutet im Schottischen „Tuch". Cloutie Dumplings sind also Tuchklößchen.

FÜR 8 PERSONEN
150 g Mehl
2 TL Backpulver
1 Prise Salz
150 g Schwarzbrotkrumen
150 g Schweineschmalz oder Palmfett
2 TL Zimtpulver
150 g Sultaninen
100 g Rosinen
100 g brauner Zucker
2 EL brauner Rübensirup
1 TL Ingwerpulver
300 ml Milch
Mehl für die Arbeitsfläche

Ein sauberes Geschirrtuch in kochendes Wasser tauchen. Alle Zutaten zu einem weichen Teig verarbeiten – darauf achten, dass die Zutaten gut durchgemischt sind. Tuch aus dem Wasser nehmen und auswringen, auf einer Arbeitsfläche ausbreiten und mit Mehl bestäuben. Mehl mit den Händen gleichmäßig auf dem Tuch verteilen.

Teig zu einer Kugel formen und auf das Tuch setzen. Das Tuch über der Teigkugel mit einer Schnur locker zubinden, damit der Teig noch etwas aufgehen kann.

Dämpfeinsatz in einen großen Topf stellen (der Topf muss so groß sein, dass der ganze Teig hineinpasst und oben noch genügend Platz bleibt, damit das Kochwasser nicht ständig überläuft). Eingeschlagenen Teig auf den Teller in den Topf setzen und den Topf mit Wasser füllen. Wasser aufkochen, Temperatur reduzieren und den Dumpling ca. 2–3 Stunden köcheln lassen.

Teigkloß wieder herausnehmen und in ein großes Sieb über dem Spülbecken setzen. Das Tuch vorsichtig öffnen. Einen feuerfesten Teller umgedreht auf den Teig setzen und wenden. Tuch vorsichtig abnehmen.

Backofen auf 120 °C (Gas Stufe ½) vorheizen und den Cloutie Dumpling auf dem Teller im Ofen ca. 30 Minuten backen.

Dazu Englische Creme (siehe Seite 195) servieren.

Obsttarte mit Nüssen

FÜR 8 PERSONEN
25 g Sultaninen
25 g Rosinen
250 ml Rum
50 g Mehl
1 Msp. Backpulver
Salz
50 g Butter
2 Eier
Mehl für die Arbeitsfläche
35 g Zucker
25 g Cocktailkirschen
25 g Walnüsse, gehackt
25 g Kokosraspel
200 g Sahne
2 EL Puderzucker

Sultaninen und Rosinen in einer Schüssel ca. 2 Stunden, oder besser über Nacht, in Rum einweichen.

Backofen auf 160 °C (Gas Stufe 3) vorheizen.

Für den Teig Mehl, Backpulver, 1 Prise Salz, 25 g Butter, 1 Ei und 300 ml Wasser zu einem glatten Teig verkneten. Teig auf einer bemehlten Fläche 5 mm dick ausrollen und eine Tarteform mit 25 cm Durchmesser damit auslegen.

Für die Füllung restliche Butter und Zucker in einem Topf mischen und erhitzen, bis die Butter geschmolzen ist. Abkühlen lassen und restliches Ei mit dem Schneebesen in die Buttermischung rühren. Sultaninen und Rosinen über einem Sieb abtropfen lassen, Rum in einer Schüssel auffangen und für die Sahne beiseite stellen. Sultaninen, Rosinen, Cocktailkirschen, Walnüsse und Kokosraspel zur Buttermischung geben.

Füllung auf dem Teigboden verteilen und Tarte ca. 30–35 Minuten im Ofen backen. Sahne steif schlagen, Puderzucker und Rum vorsichtig unterheben.

Tarte mit Rumsahne servieren.

Zitronentarte mit Waldbeeren

FÜR 10 PERSONEN
400 g süßer Mürbeteig (siehe Seite 223)
Mehl für die Arbeitsfläche
Fett für die Form
abgeriebene Schale und Saft von 2 unbehandelten Zitronen
4 EL Crème double
100 g gemahlene Mandeln
200 g Zucker
5 Eier
120 g zerlassene Butter
100 ml Calvados
1 Handvoll Brombeeren
1 Handvoll Himbeeren
Puderzucker
Clotted Cream oder Sahne

Mürbeteig auf einer bemehlten Arbeitsfläche ausrollen. Eine Tarteform mit 30 cm Durchmesser einfetten und mit Mürbeteig auslegen. Mindestens 60 Minuten, oder besser über Nacht, in den Kühlschrank stellen.

Backofen auf 180 °C (Gas Stufe 4) vorheizen. Mürbeteig mit Backpapier und getrockneten Bohnen bedecken und ca. 15 Minuten blind backen. Herausnehmen und abkühlen lassen. Backpapier und Bohnen entfernen.

Zitronenschale und -saft in einer großen Schüssel mischen. Crème double, Mandeln, Zucker, Eier und Butter zugeben, alles mit einem Handrührgerät zu einem dickflüssigen Teig verarbeiten. Calvados untermischen. Beeren putzen, waschen und auf den Teigboden streuen, Zitronenfüllung darüber verteilen.

Tarte ca. 20 Minuten im Ofen backen, herausnehmen und sofort mit einer dicken Schicht Puderzucker bestreuen. Vor dem Servieren nur kurz abkühlen lassen, denn am besten schmeckt diese Tarte noch warm. Dazu Clotted Cream oder Sahne reichen.

Schoko-Rum-Mousse

Dies ist ein klassisches Rezept für Mousse au Chocolat, das eigentlich immer funktioniert. Ein sehr guter Freund von mir ist ein wahrer Experte für Mousse au Chocolat – in jedem Restaurant, das er besucht, probiert er alle Sorten durch. Wenn ich ihm einmal dieses hier vorsetze, wird er wohl zugeben müssen, dass es schwer zu übertreffen ist.

FÜR 4 PERSONEN
175 g Schokolade
5 Eier, getrennt
Mark von 1 Vanilleschote
1 TL lösliches Kaffeepulver
250 g Sahne
2 EL Rum

Schokolade im Wasserbad schmelzen. Herausnehmen und etwas abkühlen lassen.

Eigelbe schaumig rühren, geschmolzene Schokolade langsam unterrühren. Vanillemark zufügen. Kaffeepulver in 1 EL heißem Wasser auflösen und in die Schokoladenmischung geben.

Sahne steif schlagen. Rum untermischen und Sahne unter die Schokoladenmischung ziehen. Eiweiße steif schlagen, langsam unterziehen.

Mousse in acht Weingläser füllen und bis zum Servieren mindestens 2 Stunden in den Kühlschrank stellen.

Rosinen-Käsekuchen

FÜR 8 PERSONEN
Fett für die Form
260 g Zucker
1½ TL abgeriebene Zitronenschale
125 g weiche Butter
4 Eigelb
3 TL Vanillezucker
135 g Mehl
Mehl für die Arbeitsfläche
80 g Frischkäse
500 g Magerquark
50 g Crème fraîche
2 große Eier
½ TL abgeriebene Orangenschale
1 TL Vanillearoma
150 g Rosinen
Kirschwasser

Backofen auf 190 °C (Gas Stufe 4) vorheizen. Eine Springform mit 25 cm Durchmesser einfetten.

Für den Teig 60 g Zucker, 1 TL Zitronenschale, Butter, 1 Eigelb und Vanillezucker in einer Schüssel mischen. 100 g Mehl zufügen und alles zu einem glatten Teig verrühren. Teig auf einer bemehlten Fläche ausrollen und Springform damit auslegen.

Frischkäse, Quark und Crème fraîche mit der Gabel verrühren. Eier, restliche Eigelbe, restlichen Zucker, Orangen- und restliche Zitronenschale, Vanillearoma, restliches Mehl und Rosinen mischen. Käsemischung und nach Belieben Kirschwasser zufügen, alles gut verrühren.

Die Füllung auf den Teigboden geben und Kuchen ca. 90 Minuten backen. Nach ca. 30 Minuten und während der letzten Stunde den Kuchen mindestens zweimal herausnehmen und jeweils ca. 10 Minuten abkühlen lassen, dann weiterbacken.

Brandy Snaps

Brandy Snaps zählen zu meinen schönsten Kindheitserinnerungen. Meine Familie besuchte damals öfter das Café „Maids of Honour“ in Kew, wo stets eine Auswahl Cremetorten und süßes Gebäck präsentiert wurde. Mit dabei waren immer Brandy Snaps mit in Schokolade getauchten Enden und einer Sahnefüllung. Wenn ich damals schon das Rezept gehabt hätte, hätte ich sie mir wohl fast jeden Tag gemacht.

FÜR 4 PERSONEN
50 g Butter
50 g Zucker
2 EL Golden Syrup oder heller Zuckerrohrsirup
50 g Mehl
½ TL Ingwerpulver
½ TL Brandy
Pflanzenöl
75 g dunkle Schokolade
500 g Sahne
1 EL Puderzucker

Backofen auf 180 °C (Gas Stufe 4) vorheizen.

Butter, Zucker und Sirup in einem Topf mischen und erhitzen, bis die Mischung goldgelb wird. Vom Herd nehmen, Mehl, Ingwerpulver und Brandy untermischen. Durch die Zugabe von Mehl wird die Farbe noch brauner, aber keine Sorge, das soll auch so sein.

Mischung esslöffelweise auf ein mit Backpapier belegtes Backblech setzen und zu dünnen Kreisen zerlaufen lassen. Sofort in den Ofen schieben und ca. 7–10 Minuten backen.

Herausnehmen und ca. 3–4 Minuten abkühlen lassen. Einen runden Löffelstiel oder Messergriff mit Pflanzenöl einfetten. Die noch warmen Gebäckkreise um den Stiel wickeln. Abziehen und abkühlen lassen.

Schokolade im siedenden Wasserbad schmelzen. Die beiden Enden der Brandy Snaps in die Schokolade tauchen. Fest werden lassen und beiseite stellen.

Sahne und Puderzucker mischen, steif schlagen und mit einer Spritztülle in die Brandy Snaps füllen. Am einfachsten geht das, wenn man sie von beiden Enden aus füllt. Brandy Snaps auf einem Teller anrichten und servieren.

Eds Tipp: Die Brandy Snaps müssen vor dem Füllen vollständig abgekühlt sein. Man darf sie jedoch auf keinen Fall in den Kühlschrank legen, da sie sonst zu weich werden.

Orangen-Käsekuchen

Ein himmlischer Kuchen mit einer teuflisch guten weißen Schokoladensauce.

FÜR 8 PERSONEN

4 Eier
250 g Zucker
85 g Mehl
300 g Hüttenkäse
100 g gemahlene Mandeln
125 g zerlassene Butter
abgeriebene Schale und filetiertes Fruchtfleisch von 4 unbehandelten Orangen (am besten Blutorangen)
Mehl zum Bestäuben
Fett für die Form
Puderzucker

FÜR DIE WEISSE SCHOKOLADENSAUCE

85 g Butter
200 g weiße Schokolade
100 g Sahne

Backofen auf 160 °C (Gas Stufe 3) vorheizen.

Eier mit dem Handrührgerät schaumig rühren, Zucker langsam zufügen und weiterrühren, bis sich das Volumen der Mischung vervierfacht hat. Mehl, Hüttenkäse und Mandeln unterziehen. Zerlassene Butter und Orangenschale zufügen.

Orangenspalten mit Küchenkrepp trocken tupfen, mit etwas Mehl bestäuben und zur Mischung geben.

Eine Springform mit 25 cm Durchmesser einfetten und mit Backpapier auslegen. Füllung hineingeben und ca. 40 Minuten im Ofen backen.

Für die Sauce Butter und Schokolade im Wasserbad schmelzen. Sahne unterheben.

Kuchen aus dem Ofen nehmen und mit Puderzucker bestreuen. Mit weißer Schokoladensauce servieren.

BROT &

Sauerteigansatz

Einen Sauerteig selbst anzusetzen ist für jeden Bäcker ein absolutes Muss. Es ist nicht allzu schwierig, und wenn sich der geliebte Sauerteig gut entwickelt, können Sie mit ihm jeden Tag Brot backen, und zwar ganz ohne Hefe. Sauerteigbrot hat einen natürlicheren Geschmack als Hefebrot und ist eine traditionelle Art, Brot zu backen.

Sauerteigansatz muss man sich wie ein anspruchsvolles Haustier vorstellen, und zwar ein ziemlich. Wird er vernachlässigt, stirbt er oder verwildert. Gedeiht er gut, können Sie sein Wachstum durch Kühlen kontrollieren.

Der Sauerteigansatz nimmt „gute" Bakterien aus der Luft auf, die sich von der Mischung aus Mehl und Wasser ernähren und sich darin vermehren. Wenn diese Bakterien wachsen, sind sie in der Lage, alle schädlichen Bakterien in der Luft anzugreifen und zu vernichten. In der Regel gehen sie aus diesen Kämpfen immer siegreich hervor. (Die Vorstellung, Bakterien zu essen, klingt vielleicht gruselig, aber sie sind auch die Grundlage bei der Herstellung von Käse, Joghurt und natürlich Brot.)

Auf den ersten Blick scheint der Sauerteigansatz eine große Herausforderung zu sein. Aber wenn Sie sich erst mal eine Weile damit beschäftigt haben, kann seine Pflege zu einer wahren Sucht werden. Man kann diese klebrige Masse, die da auf dem Sims steht, richtig lieb gewinnen und sich darum sorgen, ob sie vielleicht hungrig ist. Funktioniert der Sauerteig erst einmal, ist er leicht zufriedenzustellen, indem man ihn ein- oder zweimal täglich mit Mehl und Mineralwasser versorgt.

Vollkornweizenmehl
Stilles Mineralwasser (verwenden Sie nur Mineralwasser, chlorhaltiges oder anderweitig behandeltes Wasser zerstört den Sauerteigansatz sofort)

Eine 2 l fassende Puddingschüssel sterilisieren (siehe Seite 235), 1 TL Mehl und 1 TL Mineralwasser zugeben. Mit einem sauberen Löffel umrühren. Schüssel mit einem Tuch bedecken und an einen vor Luftzug geschützten warmen Ort stellen, zum Beispiel auf ein Regal. Nach 24 Stunden wieder 1 TL Mehl und 1 TL Mineralwasser zugeben. Diesen Vorgang jeden Tag wiederholen.

Der Sauerteigansatz muss mindestens alle 24 Stunden mit derselben Menge Mehl und Mineralwasser wie am ersten Tag versorgt werden. Beginnen Sie daher mit einer sehr kleinen Menge, sonst haben Sie schnell einen ganzen Eimer voll Sauerteig. Am 3.–5. Tag (im Sommer dauert es eher 3, im Winter eher 5 Tage) bilden sich an der Oberfläche Bläschen. Nun können Sie aus der Hälfte des Ansatzes das erste Brot backen. Vergessen Sie jedoch nicht, sofort danach Ihren Sauerteigansatz wieder mit Mehl und Mineralwasser zu versorgen.

Nach einer Woche ist die Masse in Hochform. Wenn Sie für einige Tage verreisen wollen oder keine Lust mehr haben, den Ansatz jeden Tag zu versorgen oder ständig Brot zu backen, stellen Sie ihn einfach in den Kühlschrank. So verlangsamt sich sein Wachstum und er muss nur noch einmal pro Woche gefüttert werden. Wenn sich nach 3–5 Tagen keine Bläschen bilden, ist allerdings etwas schiefgelaufen, und Sie müssen von vorne beginnen.

Wie erkennt man verdorbenen Sauerteigansatz?

Die Konsistenz eines Sauerteigansatzes sollte an Pfannkuchenteig erinnern. Wenn er eine andere Farbe als cremefarben oder hellgelb annimmt, ist er vermutlich verdorben. Auch wenn sich an der Oberfläche Schimmel bildet und er nicht mehr angenehm süß-säuerlich riecht, ist er schlecht geworden. Wenn sich das Mehl dagegen unten abgesetzt hat, ist das kein Problem – rühren Sie den Ansatz einfach kurz um.

Am besten bewahrt man ihn in einem Glasgefäß oder in einer Puddingschüssel mit einem Tuch bedeckt auf.

Die beste Zeit zum Füttern ist dann, wenn er aufgeschäumt ist und sein Volumen verdoppelt hat. Dies sind die besten Anzeichen, dass er gut gedeiht und nach Nahrung sucht. Wenn er schrumpft, heißt das, er ist krank und hat seinen Appetit verloren. Da ein Sauerteigansatz kein Immunsystem besitzt, stirbt er sehr schnell. Aber wieder einen neuen Sauerteig anzusetzen dauert ja nur 3–5 Tage.

Sauerteigbrot

Sie werden feststellen, dass dieses Brot in meinem Buch ziemlich häufig vorkommt, denn es ist einer meiner absoluten Favoriten.

FÜR 2 LAIBE
2 TL Trockenhefe
235 ml lauwarmes Mineralwasser
375 g Sauerteigansatz (siehe Seite 208)
235 ml entrahmte lauwarme Milch
1 EL Honig
1 TL Salz
875 g Mehl
Mehl für die Arbeitsfläche
Fett für die Form

Hefe und Wasser mit dem Handrührgerät kurz mischen. Sauerteigansatz und Milch zufügen, Honig und Salz zugeben und untermischen. Mehl esslöffelweise unterheben und Mischung mit einem Knethaken zu einem glatten Teig verarbeiten. Mindestens 5 Minuten rühren, damit das Gluten aus dem Mehl austritt und der Teig weich, klebrig und glänzend wird.

Teig auf ein bemehltes Holzbrett legen, locker mit Frischhaltefolie bedecken und ca. 2 Stunden an einem warmen Ort gehen lassen.

Backofen auf 180 °C (Gas Stufe 4) vorheizen. Teig durchkneten und in zwei Hälften teilen. Beide Hälften zu je einer Kugel formen und auf ein gefettetes und bemehltes Backblech legen. Teig mit Mehl bestäuben, noch einmal ca. 30 Minuten gehen lassen und anschließend ca. 45–60 Minuten im Ofen backen.

Für eine weiche Kruste Brot direkt nach dem Backen mit einem sauberen Tuch abdecken und abkühlen lassen. Für eine harte Kruste das Brot unbedeckt abkühlen lassen.

ALL OVER DEVON AND CORNWALL
WHITEWAY'S
FLAGON
CYDER

Bierbrot

Dieses Brot passt hervorragend zu einem deftigen Mittagessen. Welches Bier Sie dafür nehmen, bleibt Ihnen überlassen, man kann sogar Starkbier verwenden.

FÜR 1 LAIB
360 g Mehl
1 Päckchen Backpulver
1 Prise Salz
55 g brauner Zucker
2 EL Zwiebelpulver
350 ml Ale (oder eine andere Biersorte)
Mehl für die Arbeitsfläche
Fett für die Form
50 g Butter

Backofen auf 190 °C (Gas Stufe 5) vorheizen.

Mehl und Backpulver in eine große Schüssel sieben. Salz, Zucker und Zwiebelpulver zufügen. In die Mitte eine Mulde drücken. Bier langsam zugießen und alles zu einem glatten Teig verrühren, am einfachsten geht das mit den Knethaken eines Handrührgeräts oder in der Küchenmaschine.

Auf einer bemehlten Arbeitsfläche Teig ca. 5 Minuten kneten und zu einem länglichen Brotlaib formen. Eine Kastenform (24 x 12 cm) einfetten und mit Mehl bestäuben. Brotlaib hineinlegen und an der Oberfläche mit einem scharfen Messer einschneiden. Butter zerlassen, Brotteig damit bestreichen und ca. 45–50 Minuten im Ofen backen.

Walnuss-Stilton-Brot

Ein köstliches Brot für ein Picknick oder ein sommerliches Mittagessen mit frischem Salat und eingelegten Zwiebeln – Sie müssen gar keinen Käse mehr einpacken!

FÜR 1 LAIB
400 g Mehl
100 g Vollkornweizenmehl
2 Päckchen Trockenhefe
½ TL Salz
250 ml Mineralwasser
Mehl für die Arbeitsfläche
100 g Stilton (oder anderer Blauschimmelkäse)
75 g gehackte Walnüsse

Backofen auf 200 °C (Gas Stufe 6) vorheizen. Mehl, Trockenhefe, Salz und Mineralwasser in einer großen Schüssel zu einem glatten Teig verarbeiten. Teig auf einer bemehlten Arbeitsfläche oder in der Küchenmaschine mit Knethaken ca. 5 Minuten kneten.

Teig auf einer bemehlten Arbeitsfläche zu einem 4 cm dicken Rechteck ausrollen. Blauschimmelkäse grob zerkleinern. Teig mit Walnüssen und Käse bestreuen.

Teig aufrollen, Teigrolle einmal der Länge nach einschlagen und in eine Schüssel legen. Mit Frischhaltefolie abdecken und ca. 60 Minuten gehen lassen.

Teig herausnehmen und zu einer Kugel formen. Diese an der Oberfläche kreuzweise einschneiden, auf ein bemehltes Backblech legen und ca. 30 Minuten im Ofen schön braun backen.

Auf einem Kuchengitter abkühlen lassen.

Maisbrot

Maisbrot schmeckt hervorragend zusammen mit Baked Beans. Probieren Sie es einfach einmal aus!

FÜR 1 LAIB

Fett für die Form
100 g zerlassene Butter
375 g Mehl
225 g Maismehl
1 EL Salz
4 EL Backpulver
100 g Zucker
400 ml Milch
200 ml Buttermilch (siehe Eds Tipp)
2 Eier
50 g Margarine

Backofen auf 200 °C (Gas Stufe 6) vorheizen. Eine quadratische Backform mit 23 cm Seitenlänge einfetten. In einer großen Schüssel alle Zutaten mischen, bis der Teig die Konsistenz eines Rührteigs hat. Diesen in die gefettete Form geben und ca. 20 Minuten auf der oberen Schiene im Ofen backen. Das Maisbrot ist fertig, wenn es goldgelb ist und sich elastisch anfühlt.

Brot sofort nach dem Herausnehmen mit einem sauberen Tuch abdecken, damit es beim Abkühlen schön weich bleibt.

Eds Tipp: Statt Buttermilch können Sie auch 75 ml mehr Milch nehmen (insgesamt dann also 475 ml Milch).

Kartoffelbrot

Dieses Brot herzustellen, dauert ziemlich lange und ist auch relativ kompliziert, aber ich finde, es ist das beste Brot, das es gibt. Ich schätze, jeder, der es probiert, wird mir zustimmen.

FÜR 1 GROSSEN LAIB
1 mittelgroße Kartoffel
¼ EL Trockenhefe
1 Prise Zucker
700 g Vollkornweizenmehl
1 Prise Salz
2 EL Honig
Mehl für die Arbeitsfläche

Kartoffel schälen und in Scheiben schneiden. 550 ml Wasser in einem Topf erhitzen und Kartoffel darin bissfest kochen, abgießen. 500 ml Kochwasser beiseite stellen.

Hefe und Zucker ins Kochwasser geben. Ein Drittel der Mischung mit 100 g Mehl in einer Schüssel kräftig verrühren. Zugedeckt ca. 2 Stunden an einem warmen Ort gehen lassen. Nun die Kartoffel zugeben. Diese Mischung bildet die „Basis".

Restliches Mehl, Salz, 200 ml Kochwasser und Honig mit dem Knethaken zu einem glatten Teig verarbeiten. Zugedeckt mindestens ca. 30 Minuten an einem warmen Ort gehen lassen.

Beide Teigmischungen in eine Schüssel füllen und in der Küchenmaschine mindestens 5 Minuten kneten, bis der Teig glatt und seidig ist.

Teig auf ein bemehltes Holzbrett legen und ca. 10 Minuten ruhen lassen, dann zu einer Kugel formen, mit Mehl bestäuben, in eine große Schüssel legen, mit Frischhaltefolie abdecken und nach ca. 20 Minuten wenden. Vorgang insgesamt viermal wiederholen, danach 3,5 Stunden ruhen lassen.

Teig auf eine bemehlte Arbeitsfläche legen. Mit den Händen in die Mitte ein Loch drücken und Teig zu einem Ring formen. Mit Frischhaltefolie locker abdecken und ca. 60 Minuten gehen lassen.

Backofen auf 230 °C (Gas Stufe 8) vorheizen. Einen Brotbackstein auf die mittlere Schiene in den Ofen schieben. Wenn Sie keinen Brotbackstein besitzen, ein Backblech im Ofen vorwärmen. Ein großes Stück Backpapier mit Mehl bestäuben, Brot so darauflegen, dass die Unterseite jetzt oben ist.

Brot mit etwas Mehl bestäuben und die Oberseite viermal schräg einschneiden. Brotbackstein oder heißes Backblech aus dem Ofen holen und Brot daraufgleiten lassen. Ca. 40–50 Minuten im Ofen backen, bis das Kartoffelbrot schön dunkelbraun ist. Auf einem Kuchengitter abkühlen lassen.

Brot mit Backpulver

FÜR 1 LAIB
325 g Grahammehl (aus dem Reformhaus) oder Weizenvollkornmehl
50 g Weizenmehl
2 TL Backpulver
1 TL Salz
150 g Joghurt
50 ml Milch

Backofen auf 180 °C (Gas Stufe 4) vorheizen.

Mehlsorten, Backpulver und Salz in einer Schüssel mischen. Joghurt und Milch zugeben und alles zu einem glatten Teig verarbeiten. 1 Minute kneten, danach ca. 10 Minuten ruhen lassen.

Teig zu einem runden Brotlaib formen und auf ein Backblech legen. Mit etwas Mehl bestäuben und ca. 20–25 Minuten im Ofen backen.

Tomatenbrot

FÜR 1 LAIB
15 g frische Hefe
290 ml kaltes Mineralwasser
100 ml Olivenöl
500 g Mehl
1 TL Salz
Mehl für die Arbeitsfläche
Fett für die Form
2 Tomaten
Meersalz
1 kräftige Prise getrockneter Oregano

Hefe mit 140 ml Mineralwasser in einer großen Schüssel zu einer glatten Paste anrühren. Restliches Mineralwasser und 1 EL Olivenöl untermischen. 250 g Mehl und Salz zufügen und mischen. Restliches Mehl unterheben, bis ein glatter Teig entsteht. Teig auf einer leicht bemehlten Arbeitsfläche kräftig mit den Händen kneten oder in der Küchenmaschine mit einem Knethaken verarbeiten.

Ein Backblech einfetten und mit etwas Mehl bestäuben. Teig darauflegen und mit einem feuchten Geschirrtuch bedecken. Ca. 60 Minuten an einem warmen Ort gehen lassen. Tuch abnehmen und mit den Fingern mehrere Vertiefungen in den Teig drücken. Brot wieder mit dem Tuch bedecken und weitere ca. 60 Minuten an einem warmen Ort weiter gehen lassen.

Backofen auf 220 °C (Gas Stufe 7) vorheizen. Brot mit 1 EL Olivenöl bepinseln, mit Meersalz bestreuen und mit etwas Wasser besprenkeln. Ca. 5 Minuten im Ofen backen.

Tomaten waschen, halbieren, vom Stielansatz befreien und in dünne Scheiben schneiden. Brot herausnehmen, mit Tomatenscheiben belegen und mit Meersalz und Oregano bestreuen. Tomatenbrot mit restlichem Olivenöl beträufeln und ca. 25 Minuten im Ofen goldbraun backen.

Restebrot

Wir alle sind doch manchmal ziemlich erstaunt, wie teuer Lebensmittel inzwischen geworden sind. Dieses Rezept ist eine tolle Möglichkeit, unser Haushaltsbudget zu schonen und Gemüsereste wie zum Beispiel Bohnen, Oliven oder Kartoffeln zu verarbeiten, die zum Wegwerfen doch viel zu schade sind. Das Restebrot ist ein herrlicher Snack für unterwegs oder zum Mittagessen – alles, was man dazu noch braucht, ist Butter. Man kann so ziemlich alles in diesem Brot verarbeiten, aber man sollte es zuvor möglichst klein schneiden. Wenn Sie die Reste als Erstes in das Mehl geben, sinken sie später nicht ab, während der Teig aufgeht.

FÜR 1 LAIB

Fett für die Form
275 g frische Gemüsereste (z. B. grüne Bohnen, Oliven, rote Paprikaschoten und/oder Kartoffeln)
400 g Mehl
175 g Weizenvollkornmehl
2 TL Salz
25 g frische Hefe oder 7 g Trockenhefe
250 ml Mineralwasser
1 EL Margarine oder Butter
Mehl für die Arbeitsfläche

Ein Backblech mit Backpapier auslegen, einfetten und mit Mehl bestäuben.

Alle Gemüsereste in kleine Stücke schneiden, in ein großes Sieb geben und über eine Schüssel hängen. Mehlsorten mischen. Gemüse mit etwas Mehl bestäuben und das Sieb dabei leicht schütteln, sodass das Gemüse von allen Seiten mit Mehl bedeckt wird. Restliches Mehl in der Schüssel auffangen. Salz, Hefe und Mineralwasser zum Mehl in die Schüssel geben und ca. 5 Minuten zu einem glatten Teig verkneten. Wenn er zu locker ist, noch weitere 2 EL Mehl zufügen.

Nach 4 Minuten Butter oder Margarine unterheben, ca. 1 Minute kräftig weiterkneten. Teig auf einer bemehlten Fläche 2 cm dick ausrollen. Gemüsereste darüber verteilen und erst die Teigränder, dann das ganze Brot mehrmals einschlagen. Den Laib auf das vorbereitete Backblech legen, mit Mehl bestäuben, mit Frischhaltefolie bedecken und ca. 90 Minuten gehen lassen.

Backofen auf 190 °C (Gas Stufe 5) vorheizen und Brot darin ca. 50 Minuten backen. Herausnehmen, mit einem sauberen Geschirrtuch bedecken und auf einem Kuchengitter abkühlen lassen. Brot in Scheiben schneiden und mit Butter servieren.

Früchtebrot

FÜR 2 LAIBE
900 g Mehl
1 TL Salz
50 g Butter
425 ml lauwarme Milch
1 TL Trockenhefe
50 g brauner Zucker
1 Ei
30 g gemischte Trockenfrüchte
Mehl für die Arbeitsfläche
Fett für die Form

Mehl, Salz und Butter in eine Schüssel geben und mit den Fingerspitzen mischen. 150 ml lauwarme Milch, Hefe und Zucker in eine Schüssel geben, einige Minuten ruhen lassen und mit einer Gabel mischen. An einem warmen Ort ruhen lassen, bis die Mischung schaumig wird.

Ei und restliche Milch zur Mehlmischung in die Schüssel geben, langsam die angerührte Hefe zugeben (Sie benötigen nicht unbedingt die gesamte Flüssigkeit). Teig ca. 5 Minuten kneten, Trockenfrüchte zugeben und mit Frischhaltefolie bedecken. An einem warmen Ort ca. 20 Minuten gehen lassen.

Teig auf ein bemehltes Holzbrett legen und ein paar Minuten kneten, dann auf zwei gefettete Backformen verteilen. An einem warmen Ort ca. 60 Minuten weiter gehen lassen, bis der Teig sein Volumen verdoppelt hat.

Backofen auf 200 °C (Gas Stufe 6) vorheizen und Früchtebrot darin ca. 35 Minuten backen. Noch warm aus der Form lösen.

Milchbrötchen

FÜR 12 BRÖTCHEN
1 TL Trockenhefe
300 ml lauwarme Milch
2 EL brauner Zucker
450 g Mehl
1 TL Salz
50 g Butter
Mehl für die Arbeitsfläche
Fett für die Form

Hefe mit 150 ml Milch mischen und ein paar Minuten ruhen lassen. Mit einer Gabel durchrühren, Zucker zufügen. An einem warmen Ort ruhen lassen, bis die Mischung schaumig wird.

Mehl, Salz und Butter in eine Schüssel geben und mit den Fingerspitzen mischen. Angerührte Hefe und restliche Milch zugeben und den Teig ein paar Minuten verrühren. Mit Frischhaltefolie bedecken und an einem warmen Ort ca. 60 Minuten gehen lassen.

Teig in 12 Portionen teilen und auf einer bemehlten Arbeitsfläche zu leicht abgeflachten Kugeln rollen.

Ein Backblech einfetten und mit Backpapier auslegen. Teigkugeln daraufsetzen und mit etwas Mehl bestäuben. Mit Frischhaltefolie locker abdecken und Brötchen noch ca. 40 Minuten gehen lassen.

Backofen auf 200 °C (Gas Stufe 6) vorheizen und Brötchen darin ca. 30 Minuten backen.

Rosinenbrot

FÜR 1 LAIB
50 g Butter
700 g Mehl
2 EL Backpulver
1 Prise Salz
150 g brauner Zucker
100 g Rosinen
1 Ei
225 ml Milch
200 ml Golden Syrup oder heller Zuckerrohrsirup
Fett für die Form

Backofen auf 180 °C (Gas Stufe 4) vorheizen.

Butter und Mehl in einer Schüssel mit den Fingerspitzen mischen. Restliche Zutaten zugeben und alles zu einem glatten Teig verrühren.

Teig in zwei gefettete 15 cm lange Kastenformen geben und ca. 90 Minuten im Ofen backen.

Rosinenbrot noch warm aus der Form lösen, in Scheiben schneiden und mit Butter servieren.

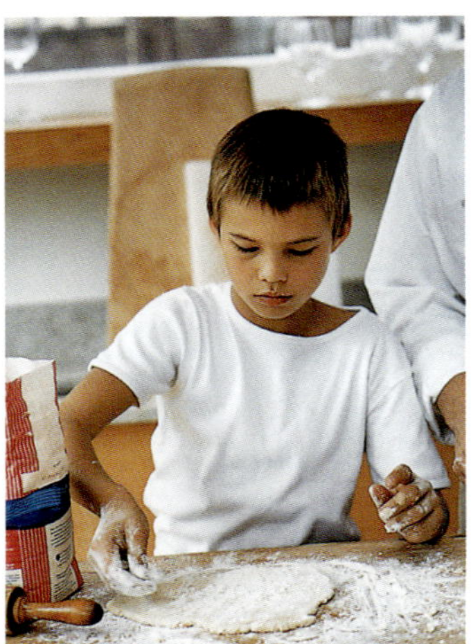

Schneller Mürbeteig

ERGIBT CA. 350 G
225 g Mehl
1 Prise Salz
110 g weiche Butter
1 Eigelb
3 EL eiskaltes Mineralwasser

Mehl und Salz in eine Schüssel sieben. Gewürfelte Butter mit den Fingerspitzen untermischen. Eigelb und Mineralwasser zufügen.

Alles mit den Händen vorsichtig zu einem Teig verarbeiten. Nicht kneten oder rühren, sonst wird der Teig brüchig.

Mürbeteig in Frischhaltefolie wickeln und vor der Weiterverwendung ca. 30 Minuten im Kühlschrank ruhen lassen.

Eds Tipp: Übrig gebliebener Teig lässt sich wunderbar bis zur nächsten Gelegenheit einfrieren.

Süßer Mürbeteig

ERGIBT CA. 800 G
450 g Mehl
140 g Zucker
1 Prise Salz
225 g kalte Butter
1 Ei
1 EL abgeriebene Schale einer unbehandelten Orange
1 EL eiskaltes Mineralwasser

Mehl in eine Schüssel sieben, Zucker und Salz zufügen und alles mischen.

Gewürfelte Butter mit den Fingerspitzen untermischen, bis eine krümelige Masse entsteht.

In einer zweiten Schüssel Ei, Orangenschale und Mineralwasser mischen. Mischung zum Mehl in die Schüssel geben und alles zu einem leichten Teig verarbeiten.

Süßen Mürbeteig in Frischhaltefolie wickeln und bis zur Weiterverwendung mindestens 30 Minuten im Kühlschrank ruhen lassen.

Blätterteig

ERGIBT CA. 550 G
225 g Mehl
1 kräftige Prise Salz
200 g gefrorene Butter
1 EL eiskaltes Mineralwasser
Saft von ½ Zitrone
1 Ei
Mehl für die Arbeitsfläche
150 g kalte Butter

Mehl und Salz in eine große Schüssel sieben. Gefrorene Butter mit einer Küchenreibe in die Mehlmischung raspeln.

Mineralwasser, Zitronensaft und Ei zufügen. Mischung mit einem Palettmesser zu einem trockenen Teig verarbeiten.

Teig auf einer bemehlten Fläche ausrollen. Kalte Butter in Scheiben schneiden. Ein paar dünne Butterscheiben darauf verteilen und Teig einmal einfalten. Vorgang wiederholen und Teig erneut ausrollen. Vorgang so lange wiederholen, bis die gesamte Butter aufgebraucht ist.

Teig in Frischhaltefolie wickeln und bis zur Weiterverwendung mindestens 30 Minuten im Kühlschrank ruhen lassen.

Grober englischer Blätterteig

ERGIBT CA. 1 KG
450 g Mehl
1 Prise Salz
225 g gefrorenes Schweineschmalz
225 g gefrorene Margarine
275 ml eiskaltes Mineralwasser
1 Spritzer Zitronensaft

Mehl und Salz in eine große Schüssel sieben. Gefrorenes Schmalz und Margarine mit einer Küchenreibe in die Mehlmischung raspeln. Mineralwasser und Zitronensaft zufügen.

Mischung mit einem Palettmesser zu einem Teig verarbeiten, dabei die Schüssel immer wieder drehen, damit alle Zutaten gut durchmischt werden. Teig kurz in den Kühlschrank stellen, wieder herausnehmen und 3 cm dick zu einem Rechteck ausrollen. Unteres Drittel bis zur Mitte nach oben falten und oberes Drittel bis zur Mitte nach unten falten, sodass die Teigränder sich berühren. Teigränder mit einem Teigroller zusammendrücken. Teig im Kühlschrank ruhen lassen.

Teigroller mit Mehl bestäuben. Teig erneut 3 cm dick zu einem Rechteck ausrollen und drittelweise einfalten, Teigränder zusammendrücken und Teig wieder im Kühlschrank ruhen lassen.

Vorgang noch dreimal wiederholen, Teig zwischen dem Ausrollen immer wieder im Kühlschrank ruhen lassen. Teig bis zur Verwendung über Nacht kalt stellen.

Pastetenteig

Diesen Teig verwendet man für die berühmten englischen Schweinefleischpasteten (Pork Pies).

ERGIBT CA. 550 G
150 g Schweineschmalz
400 g Mehl
½ TL Salz

Schmalz mit 125 ml Wasser in einem Topf bei niedriger Temperatur schmelzen – Wasser aber nicht kochen lassen.

Mehl in eine Schüssel sieben. Salz, Fett und heißes Wasser zufügen. Alles zu einem festen Teig verarbeiten. Ist der Teig zu fettig, 1 EL Mehl zufügen und untermischen.

Teig auf Körpertemperatur abkühlen lassen (er sollte zum Verarbeiten aber nicht kälter als 37 °C sein), ausrollen und nach Rezeptanleitung weiterverarbeiten.

BRÜHEN, S

MARMELA

AUCEN

ADEN

& GELEES

Rinderfond

ERGIBT CA. 1 L
1 Möhre
1 Zwiebel
2 Stangen Sellerie
1 kg Rinderknochen
500 ml Rotwein
1 Bouquet garni (siehe Eds Tipp)
Salz
frisch gemahlener schwarzer Pfeffer

Backofen auf 200 °C (Gas Stufe 6) vorheizen.

Möhre und Zwiebel schälen, Sellerie putzen. Gemüse grob hacken. Rinderknochen und Gemüse in einen Bräter geben und ca. 30 Minuten im Ofen braten, bis das Gemüse karamellisiert ist.

Hälfte des Rotweins in einen Topf füllen und aufkochen. Rinderknochen, Gemüse und Bouquet garni zufügen. Mit Salz und Pfeffer würzen. Restlichen Wein und so viel Wasser angießen, dass die Knochen vollständig mit Flüssigkeit bedeckt sind.

Alles ca. 4 Stunden leise köcheln lassen, dabei regelmäßig abschäumen. Fond durch ein Sieb in einen sauberen Topf gießen, aufkochen und auf die Hälfte reduzieren lassen.

Eds Tipp: Für ein frisches, aromatisches Bouquet garni je einen Stängel frische Petersilie, Thymian, Rosmarin und ein Lorbeerblatt zusammenbinden.

Hühnerfond

ERGIBT CA. 3 L
2 kg Hühnerknochen
Pflanzenöl
2 Möhren
1 Zwiebel
4 Knoblauchzehen
1 Stange Lauch
2 Stangen Sellerie
1 Bund frischer Thymian
1 Lorbeerblatt
1 EL schwarze Pfefferkörner

Backofen auf 220 °C (Gas Stufe 7) vorheizen. Etwas Pflanzenöl in einen Bräter geben, Hühnerknochen zufügen und ca. 45 Minuten im Ofen rösten, bis die Knochen braun sind.

Herausnehmen, in einen großen Topf geben, mit 4 l Wasser aufgießen und kurz aufkochen. Abschäumen und Temperatur reduzieren, sodass das Wasser nur noch siedet.

Möhren, Zwiebel und Knoblauch schälen, Lauch und Sellerie putzen. Lauch der Länge nach halbieren und waschen. Thymian waschen. Gemüse und Kräuter in den Topf geben und aufkochen. Restlichen Schaum von der Oberfläche abschöpfen und Fond ca. 3–4 Stunden leicht köcheln lassen. Durch ein Sieb abgießen.

Fischfond

ERGIBT CA. 850 ML
3 EL Pernod oder trockener Sherry
2 Möhren
1 Zwiebel
1 Knoblauchzehe
2 Stangen Sellerie
Fenchelgrün von 2 Fenchelknollen
oder 4 Sternanisblüten
1 kleines Bund frische Petersilie
1 kg Fischkarkassen (siehe Tipp)
8 schwarze Pfefferkörner
1 Lorbeerblatt

Pernod oder Sherry in einen Topf geben. Aufkochen und sofort vom Herd nehmen.

Möhren schälen und grob hacken. Zwiebel und Knoblauch schälen, Zwiebel vierteln. Sellerie putzen und in große Stücke schneiden. Fenchelgrün und Petersilie waschen.

Restliche Zutaten in den Topf geben, 850 ml Wasser angießen, aufkochen und Hitze sofort reduzieren.

Fond ca. 20 Minuten leise köcheln lassen, Schaum von der Oberfläche abschöpfen.

Fond durch ein Sieb in eine Schüssel gießen und abkühlen lassen. Nach dem Abkühlen in eine Frischebox füllen, Bodensatz in der Schüssel lassen. Der Fond lässt sich ein paar Tage im Kühlschrank aufbewahren, Sie können ihn aber auch problemlos einfrieren.

Eds Tipp: Beim Fischhändler oder an der Fischtheke im Supermarkt bekommt man Fischkarkassen immer umsonst – einfach nur fragen. Die Gräten sollten jedoch nicht von fettigen Fischen stammen.

Lammfond

ERGIBT CA. 1 L
1 Möhre
1 Zwiebel
2 Stangen Sellerie
1 kg Lammknochen
500 ml Rotwein
1 Bouquet garni (siehe Eds Tipp auf Seite 230)
200 ml Portwein
1 TL rotes Johannisbeergelee
Salz
frisch gemahlener schwarzer Pfeffer

Backofen auf 200 °C (Gas Stufe 6) vorheizen.

Möhre und Zwiebel schälen, Sellerie putzen. Gemüse grob hacken. Lammknochen und Gemüse in einen Bräter geben und ca. 30 Minuten im Ofen braten, bis das Gemüse karamellisiert.

Hälfte des Rotweins in einen Topf geben und aufkochen. Knochen, Gemüse und Bouquet garni zufügen. Restlichen Wein und so viel Wasser angießen, dass die Knochen vollständig bedeckt sind.

Alles ca. 4 Stunden leise köcheln lassen, regelmäßig abschäumen. Fond durch ein Sieb in einen sauberen Topf gießen, Portwein und Johannisbeergelee zufügen und kräftig umrühren. Aufkochen und Fond auf die Hälfte reduzieren lassen. Mit Salz und Pfeffer würzen. Im Kühlschrank aufbewahren oder einfrieren.

Gemüsebrühe

ERGIBT CA. 1 L
1 Stange Lauch
5 Stangen Sellerie
3 Möhren
1 Zwiebel

Möhren und Zwiebel schälen. Sellerie putzen. Lauch der Länge nach halbieren und waschen. Gemüse grob hacken. Alles in einen Topf geben und mit 1,2 l Wasser aufgießen. Aufkochen, Hitze reduzieren und ca. 2 Stunden leise köcheln lassen.

Fond durch ein Sieb in eine Schüssel gießen und abkühlen lassen. In eine Frischebox füllen und in den Kühlschrank stellen oder einfrieren.

Zwiebelsauce

Diese Sauce wird traditionell zu Würsten serviert, passt aber zu jedem Fleischgericht, zum Beispiel zu Kalbsleber oder gegrilltem Rindersteak.

ERGIBT CA. 200 ML
2 Zwiebeln
Pflanzenöl
2 Knoblauchzehen
1 EL Mehl
1 EL Tomatenmark
1 Stängel Oregano
½ Flasche Rotwein
375 ml Rinderfond (siehe Seite 230) oder Kalbsfond
Salz, frisch gemahlener schwarzer Pfeffer

Zwiebeln schälen und in Ringe schneiden. 2 EL Pflanzenöl in einer Pfanne erhitzen und Zwiebeln darin braun und knusprig braten. Knoblauch schälen und zerdrücken. Mehl, Tomatenmark und Knoblauch zufügen. Alles ca. 3–4 Minuten köcheln lassen, gelegentlich umrühren. Oregano waschen und zugeben. Wein langsam unter ständigem Rühren angießen, dabei darauf achten, dass sich keine Klümpchen bilden. Sauce aufkochen und auf die Hälfte reduzieren lassen.

Fond zufügen, aufkochen und die Sauce auf ein Viertel reduzieren lassen, dabei regelmäßig abschäumen.

Knoblauchzehen und Oreganostängel entfernen. Sauce mit Salz und Pfeffer abschmecken.

Eds Tipp: Falls Sie einmal keine Zeit haben, den Rinderfond selbst herzustellen, gibt es im Supermarkt auch fertigen Kalbsfond.

Rotes Stachelbeergelee

FÜR CA. 4 GLÄSER À 400 ML
500 g rote Stachelbeeren
1 Vanilleschote
500 ml klarer Apfelsaft
300 g Zucker

Stachelbeeren putzen, waschen und in einen großen Topf geben. Vanilleschote der Länge nach aufschneiden und Mark herauskratzen. Apfelsaft, Vanilleschote und -mark zufügen und alles ca. 15 Minuten köcheln lassen. Mischung in ein mit mehreren Lagen Musselin (oder Baumwolltüchern) ausgekleidetes Sieb gießen und über einem Topf abtropfen lassen, dabei nicht umrühren oder durchpressen.

Fruchtextrakt in einen Messbecher geben. Je 100 ml Extrakt 70 g Zucker zufügen. Mischung ca. 15 Minuten köcheln lassen, bis der Gelierpunkt erreicht ist (siehe Tipp). Regelmäßig abschäumen.

Eds Tipp: So erkennen Sie den Gelierpunkt: Geben Sie einen kleinen Klacks Gelee auf einen Teller und stellen Sie diesen 2 Minuten in den Kühlschrank. Berühren Sie das Gelee mit dem Rücken eines Löffels und ziehen Sie den Löffel nach oben. Wenn das Gelee einen Faden zieht, hat es den Gelierpunkt erreicht.

Apfelkompott

ERGIBT CA. 200 ML
1 Apfel (z. B. Bramley)
100 ml lieblicher Cidre
1 EL Zucker
1 TL Cidreessig
1 Prise Salz

Apfel schälen, vom Kerngehäuse befreien und würfeln. Apfel in einen Topf geben, Cidre, Zucker, Essig und Salz zufügen. Aufkochen, Temperatur reduzieren und ca. 20 Minuten leise köcheln lassen. Abgekühlte Masse in ein Glas füllen. Das Apfelkompott lässt sich so ca. 3 Tage im Kühlschrank aufbewahren.

Zwetschgen-Rosmarin-Gelee

ERGIBT CA. 600 ML
900 g Zwetschgen, gewaschen, entsteint
4 Stängel frischer Rosmarin
Saft von ½ Zitrone, 450 g Zucker

Rosmarin waschen, Blättchen abzupfen und fein hacken. Zwetschgen, Rosmarin und Zitronensaft in einen Topf geben und mit Wasser aufgießen, bis alles bedeckt ist. Aufkochen und ca. 60 Minuten köcheln lassen, gelegentlich umrühren.

Abgekühlte Mischung durch ein mit mehreren Lagen Musselin ausgekleidetes Sieb in eine Schüssel streichen und über Nacht abtropfen lassen.

600 ml Püree abmessen – wenn weniger in der Schüssel ist, die Mischung mit Wasser auffüllen.

Zwetschgenpüree und Zucker in einem Topf mischen. Bei niedriger Temperatur unter ständigem Rühren erwärmen, bis sich der Zucker aufgelöst hat, dann sprudelnd aufkochen. Vorsicht – heiß!

Das Gelee ist fertig, wenn es sich beim Umrühren mit einem Löffel vollständig vom Topfboden ablöst. Zwetschgengelee in sterilisierte Gläser füllen (siehe Eds Tipp Seite 235).

Zwiebelmarmelade

FÜR 2 GLÄSER À 400 ML
175 g Rohrohrzucker
450 g Zwiebeln
50 ml Rotweinessig
1 Lorbeerblatt
50 ml Sherry

Zucker in einem Topf bei mittlerer bis niedriger Temperatur karamellisieren lassen.

Zwiebeln schälen und in dünne Ringe schneiden. Zwiebeln zufügen und im Zucker weich braten. Essig und Lorbeerblatt zugeben und alles ca. 15 Minuten leise köcheln lassen.

Sherry unterrühren, Marmelade noch einmal aufkochen, vom Herd nehmen und abkühlen lassen.

Cumberlandsauce

ERGIBT CA. 200 ML
4 kleine unbehandelte Orangen
2 unbehandelte Zitronen
1 Schalotte, geschält, fein gehackt
50 g Butter
5 cm frischer Ingwer, geschält
2 EL Portwein
1 TL Senfpulver
2 Prisen Cayennepfeffer
4 EL rotes Johannisbeergelee

Orangen und Zitronen vorsichtig schälen und Schale in dünne Streifen schneiden. Orangen und Zitronen auspressen, Kerne entfernen.

Butter in einem Topf erhitzen und Zwiebel darin weich braten. Ingwer fein hacken und mit Zitrusschalen, -saft, Portwein, Senfpulver und Cayennepfeffer zufügen und gut unterrühren. Alles ca. 5 Minuten köcheln lassen.

Gelee zufügen und so lange rühren, bis es sich in der Sauce aufgelöst hat. Topf vom Herd nehmen und vollständig abkühlen lassen.

Die Sauce hält sich im Kühlschrank 3 Tage.

Orangenmarmelade

FÜR 8 GLÄSER À 400 ML
1,3 kg unbehandelte Orangen
2,25 kg Gelierzucker
abgeriebene Schale und Saft von 2 unbehandelten Zitronen
1 kleines Fläschchen Orangenlikör

Orangen in einen Topf geben und mit 1,2 l Wasser aufgießen. Aufkochen und zugedeckt ca. 60 Minuten leise köcheln lassen, bis die Früchte sehr weich sind. Orangen herausnehmen, Kochflüssigkeit beiseite stellen.

Die Früchte kurz abkühlen lassen und halbieren. Kerne entfernen, Fruchtfleisch aus den Häutchen schälen und in die Kochflüssigkeit zurücklegen. 600 ml Wasser zugeben und alles ca. 10 Minuten köcheln lassen. Durch ein Sieb in eine Schüssel gießen, abtropfen lassen und Flüssigkeit beiseite stellen.

Orangenschalen mit einem scharfen Messer ablösen und grob hacken oder im Mixer sehr fein hacken. Schalen in den Topf mit der Kochflüssigkeit geben.

Zucker und Zitronenschale zufügen. Zitronensaft durch ein Sieb in den Topf gießen und alles bei niedriger Temperatur unter ständigem Rühren erwärmen, bis sich der Zucker aufgelöst hat. Aufkochen und ca. 20 Minuten sprudelnd kochen, bis der Gelierpunkt erreicht ist (siehe Eds Tipp Seite 232).

Vom Herd nehmen, abschäumen und Marmelade ca. 20 Minuten ruhen lassen. (So kann sich die Orangenschale gleichmäßig verteilen.)

Likör unterrühren und Marmelade in warme sterilisierte Gläser füllen (siehe Eds Tipp Seite 235). Noch warme Marmelade mit Wachspapier bedecken und Gläser nach dem Abkühlen gut verschließen.

Holzapfel-Lavendel-Gelee

FÜR 6 GLÄSER À 500 ML
4 kg Holzäpfel
20 Lavendelblüten
ca. 1 kg Zucker
Saft von 1 Zitrone

Holzäpfel waschen, halbieren und von den Kernen befreien. Holzäpfel und Lavendelblüten in einen Topf geben und mit Wasser bedecken. Aufkochen und ca. 30 Minuten köcheln lassen. Mischung durch ein mit mehreren Lagen Musselin (oder Baumwolltüchern) ausgekleidetes Sieb in eine Schüssel gießen und über Nacht abtropfen lassen (nicht umrühren oder durch das Sieb streichen, sonst wird das Gelee trüb).

Am nächsten Tag Holzapfelsaft mit einem Messbecher abmessen. Auf 10 Teile Saft 7 Teile Zucker geben.

Zitronensaft zufügen und alles in einem großen Topf unter ständigem Rühren aufkochen, bis sich

der Zucker aufgelöst hat. Mischung ca. 35–40 Minuten sprudelnd aufkochen, regelmäßig abschäumen.

Vom Herd nehmen, etwas abkühlen lassen und das noch warme Gelee in sterilisierte Gläser füllen (siehe Eds Tipp). Gläser luftdicht verschließen, solange das Gelee noch warm ist. Gelee kühl und trocken aufbewahren.

Eds Tipp: Eine altmodische Methode, um Einmachgläser zu sterilisieren, ist, sie zusammen mit dem Deckel ca. 5 Minuten in kochendes Wasser zu legen. Man kann die Gläser aber auch einfach in die Spülmaschine geben, ca. 10 Minuten abkühlen lassen, füllen, den Inhalt mit Backpapier oder Wachspapier bedecken und mit dem Deckel verschließen.

Minzsauce

Nichts geht über eine hausgemachte Minzsauce. Minze ist eines der herrlichsten Kräuter überhaupt – am besten kaufen Sie sie gleich im Topf, dann steht sie immer frisch zur Verfügung.

FÜR 4 PERSONEN

1 kleine rote Zwiebel
50 g frische Minze
75 ml Rotweinessig
25 g Zucker
1 kräftige Prise Salz

Zwiebel schälen und fein hacken. Minze waschen, Blättchen abzupfen und fein hacken. Zwiebel, Essig und Zucker in einem Topf aufkochen, ca. 5 Minuten köcheln lassen. Vom Herd nehmen, Minze und Salz zufügen. Abkühlen lassen, in ein Glas füllen und kalt stellen. Die Minzsauce verliert ihr Aroma, wenn sie zu lange aufbewahrt wird. Man bereitet sie daher am besten immer frisch zu.

REGISTER

TATTOOIST
Boulevard
BEWARE !
THIEVES OPERATE IN THIS AREA !
Fully Licenced Bar
ADULT CENTRE
ADULT DVD SALES